U0011330

VOTE politician

人民

people

Mass Power

選舉不該犯的26條錯誤

小管 —— 著

| 自序 |

選舉是一時的，民主生活的嚮往與追求才是永恆的！

　　「選舉」的真諦是人們如何去享受這件事情的「過程」，而非「結果」；看起來這個「結果」是十分重要的，但同樣是「結果」，由於「過程」的不同，等到了「結果」出來的時候，人們心中的五味雜陳、喜怒哀樂，真不知道要怎麼說？反正怎麼說都不能完全表達人們的思維與感受……。唉！不說也罷，卻道天涼好個秋！

　　台灣的選舉實行了那麼多年了，自然而然形成了自己獨特的一種「風格」或「模式」。套一句別人說的話，即是：「有台灣特色的選舉制度或文化」，這樣的講法最妥當與貼切了。要如何來形容、說明或介紹台灣的選舉呢？跟別人（別國）差不多或大同小異的地方就不說了，說說只有我們特有的，或別人即使有，也沒有

我們執行的那麼淋漓盡致、活龍活現的兩種特色，其一：奧步；其二：宮廟。筆者可以這麼說：「如果台灣的選舉過程之中沒有了『奧步』與『宮廟』兩大原素的話，這就沒法說了……？沒有『奧步』與『宮廟』的選舉，這還算是什麼選舉呢？至少這不是我們台灣人的選舉，那麼約好投票日去郊遊好了！」

成也「奧步」，敗也「奧步」

「奧步」的發音，是由閩南語而來，用普通話發音就是今天我們說的「奧步」。簡單地說，是有人在參加比賽的時候，利用遊戲規則裡面的漏洞，設計出來的一種「技法」，令對手措手不及無法反抗，最後贏得這場比賽的勝利；當然，這是一種很 low 的手段，是光明磊落的大丈夫、大人物不為，也不屑為的。

所以，韓國瑜先生在去年選高雄市長的時候，首先與陳其邁先生約定，兩人共同打一次乾淨的選戰，結果在選舉結束之後，兩位候選人還來了一個愛的抱抱，然後鞠躬下台下回再見，創造了選舉歷史一個很好的典範，可圈可點、可喜可賀。因此，奧步這回事在選舉的

過程中，原則上是可有可無，非不得已選舉各方都不應該，也不會輕易或隨便使出這一招的。因為，如果是己方使了奧步而勝出，那麼即勝之不武、贏得不夠光彩！

歷史上第二大的「奧步」：陳水扁先生的兩顆子彈

三一九槍擊事件

2004 年 3 月 19 日槍擊陳水扁、呂秀蓮事件。三一九槍擊事件，又稱為陳水扁槍擊案，是發生在 2004 年 3 月 19 日下午，對時任中華民國總統陳水扁和副總統呂秀蓮發動的槍擊事件。該事件造成陳水扁與呂秀蓮分別於腹部與膝蓋受傷，並被認為對於隔日舉辦的中華民國第十一任總統選舉投票產生影響，使得該事件成為選舉競爭對手連宋陣營於敗選後，拒絕接受選舉結果的原因之一。

3 月 19 日，爭取總統連任的民主進步黨總統陳水扁、副總統呂秀蓮在民主進步黨大票倉台南市金華路掃街拜票，於下午 1 時 45 分發生槍擊事件。由於當時道

路兩旁群眾正在放鞭炮迎接總統來掃街，巨大的雜訊掩蓋了槍聲，又沒人看見有嫌犯，使得嫌犯可以順利從容地在煙霧中逃離現場。

　　隨後總統、副總統被送往離事發地點 5.8 公里處的奇美醫院治療。根據警方事後調查，兇手共開了兩槍，其中一顆子彈穿過擋風玻璃後擊中副總統呂秀蓮膝蓋，另一顆擦過陳水扁腹部。事件在下午 2 時左右有媒體報導，隨後時任總統府祕書長邱義仁先生在 3 時 30 分召開記者會，說子彈射在總統身上、呂秀蓮是競選過程中遭到槍擊，兩人現在都在奇美醫院治療中……。

總統府祕書長邱義仁那「神祕的微笑」

　　有記者問：「祕書長，總統是步行進醫院的嗎？」當時邱義仁先生故作鎮靜，嘴角露出一絲笑意回答那位記者：「你說呢？有可能嗎？」在他後來被稱作那「神祕的一笑中」結束了這場記者會，現場眾人一哄而散，但是留給台灣社會的卻是一團迷霧和無限遐想。第二天，大夥都懷抱著忐忑不安與疑慮焦急的心情投出自己神聖的一票了。結果，陳水扁先生以三萬餘票的些微差

距，贏得此次選舉的勝利連任成功！

周公恐懼流言日，王莽謙恭未篡時；
向使當初身便死，一生真偽復誰知？
──白居易

　　如果當時沒有總統府祕書長邱義仁先生的運籌帷幄及足智多謀，操作「三一九槍擊案」，用他個人那「神祕的一笑」翻轉了當年的總統大選，讓陳水扁總統能翻轉選情，順利得以連任；如果當年陳水扁總統敗選沒有連任，繼續參與台灣民主運動，經過他以後這幾年的努力與奮鬥；今天陳水扁先生的成就會順理成章，除了李登輝先生之外，不作第二人之想，繼承李登輝先生的「台灣之父」衣缽成為「台灣之子」。任何其他人都不必處心積慮、癡心妄想，陳水扁先生會青史留名，何其壯哉？

　　由於沒有以上的兩個結果，陳水扁先生一時的利令智昏走錯了他人生的一步棋，雖然贏得了四年的躊躇滿志、意氣風發的日子，但是最後卻以貪汙犯的身分鋃鐺入獄，對他個人的事業與人生來說，功敗垂成、殊為可

惜。如果人生可以重來的話，陳水扁先生一定不會選擇他今天走錯的這一步！哎，有「正步」可以走，為什麼一定要走「奧步」。邪不勝正的道理是世人皆知，獨我偏偏不知，愚莫大哉！《菜根譚》云：「完名美節，不宜獨任，分些與人，可以遠害全身；辱行汙名，不宜全推，引些歸己，可以韜光養德。」

奧步 4.0，台灣 2020 年最大的噩夢！

原本以為 2020 年 1 月 11 日的台灣總統選舉，可以挾 2018 年 11 月 24 日國民黨翻轉全台的大勝，拿下 15 個縣市長的成績，繼續百尺竿頭，更進一步；在上次選舉中一個人救整個黨的國民黨韓國瑜市長，自許是武俠人物中有情有義、喜交朋友、講義氣的令狐沖少俠，不惜粉身碎骨、承擔責任來選下一屆台灣總統（yes I do！）。

另一位候選人民進黨的蔡英文女士，以一介書生在民進黨危急存亡之際，也是一個人救了一個民進黨，她繼續參加下一屆的台灣總統的選舉。對兩個黨來說，一個郎才（政治奇才），一個女貌（網路辣妹），旗鼓相

當來打一場乾淨的選戰。反正，黑天鵝也沒有來，潮水也退去了，大家都看清楚沒有人光著屁股——

正式選舉還沒有開始，沒有想到兩隻黑天鵝烏雲遮日，突然而至……。原本有情有義、喜交朋友、講義氣的令狐沖少俠，一下子變成陰險狡猾、卑鄙無恥、無情無義的韋小寶，甚至口出惡言、粗俗不堪。

蔡英文女士也是流年不利，與前行政院院長賴清德兩人為了黨內初選打得不可開交，兩人各不相讓，黨內尊卑不分，雖然這是民進黨一貫的傳統作風，好不容易平息了初選，黨內的大老又三翻兩次的登報呼籲蔡英文下台不要選了。一波未平一波又起，總統出訪專機的一萬條香菸走私案進入司法調查程序，蔡英文女士的心腹愛將陳明文先生 300 萬台幣遺失在高鐵站上，向社會交代的不清不楚，說得語無倫次不知所云？昔日的鐵桿盟友台北市長柯文哲先生又出來酸言酸語：「蔡英文旁邊都是貪汙的人。」

爾俸爾祿，民脂民膏；下民易虐，上天難欺。——蜀主孟昶《頒令箴》

　　離最後的選舉日還有幾十天，全台灣已經在傳播耳語：「選舉已經可以結束了。」只有兩個人選，一個是「草包」，一個是「菜包」；所有的選民要不投其中的一個人，或者兩個人都不投，選舉日大家相約去旅遊……。

　　有人說：「這兩個人都不好，都不是要為民服務的，一個是『草包』一個是『菜包』，你要我們投誰呢？」「什麼？含淚投一個，兩顆爛蘋果投一個好一些的。怎麼辦呢？只剩下兩個爛蘋果了，我問你有更好的辦法嗎？」「當然沒有？你知道為什麼台灣的老百姓會面臨目前的窘境，這都是目前那些既得利益的人布下來的一個天羅地網，表面上看是兩黨惡鬥，別人都進不來；實際上是兩黨均分了人民繳上去的稅金，那些錢都是人民從齒縫裡面節省下來，原本要養家活口的血汗錢。」那個發問的人有氣無力地說：「能不繳嗎？」「當然不行！人民怎麼可以抗稅，你不想活了？」

　　以目前的只有兩位候選人的實際情況下，這兩個人不論誰輸誰贏，至少都可以拿走一億到兩億的現金，好像是免所得稅的（詳細數字筆者未經查證，但不影響本書的精神與內容）。參選人至少要超過總選票的 5% 以上，否則繳的保證金由政府沒入。假如選舉的結果蔡英

文女士勝出，韓國瑜先生按程序拿錢走人，下台（總統候選人）鞠躬，回高雄市繼續當他的市長大人。反之，如果韓國瑜先生勝出的話，蔡英文女士做滿她的任期之後交接給下任總統，拿了她的選舉補助款（至少要超過總選票的 5% 以上，否則繳的保證金由政府沒入）。總之，對目前的兩位候選人來說，都是包贏不輸的一筆生意，此時大家就不必再絞盡腦汁去想這件事情的前因後果了。因為選舉已經走到了這個地步，也是每一位候選人各憑自己的能耐與本領爭取得來的。哎！還能說些什麼呢？

任何的一個社會，大家爭取的、鬥爭的都是個人的生存與活下去的權利；當然，這不會是任何血腥的方式。是一種文明的、政府與人民相互理解與溝通的方式；因此我們等待著一位不為個人私欲、既有智慧又有能力的俠士（有可能是張無忌）。於是，我們高高興興相約去投下每個人的神聖一票。

第 01 條

得來容易的勝利，反而會害了你！

　　「選舉」比較像是一場競賽，是競賽自然有一套競賽規則，大夥按規則比賽，有一定的期間（時間）、一定的地點（地區）、一定的人員參與（人物），那麼這場比賽就可以開始了。參與的人員經過比賽的程序完成了競賽，一定會有一個結果，有人勝出有人落選。

　　既然參與比賽的人參賽了，當然都希望能夠勝出；反之，如果有人不是為了勝選而來的話，那麼這場比賽的遊戲就比較複雜了，我們先不理會這種情形，否則這本書就寫不下去了。

　　因此，候選人最容易犯的一項錯誤就是，希望自己能夠旗開得勝，比賽一開始就勢如破竹，直搗敵人的心窩，接著大獲全勝而歸。當然會有這種情形，並且還

是頗為多見的。為什麼筆者要將這種情形，列為選舉不該犯的錯誤的第一條呢？因為，在一場比賽剛開始的時候，有一方就這麼輕易地獲得了勝利，對勝利的一方來說，是福是禍還是很難說的。為什麼？首先，候選人一定以為是自己本事大，不會認為是由於對方太弱，所以自己順利的勝出；其次，任何一場比賽的勝利，不是光靠一個人本事大就能獲勝的，至少還要靠天時、地利及人和，加上遊戲規則對我方比較有利，對方運氣不大好，才會有今天勝出的結果。如果，你以為是天縱英明，老天指定要降大任在你身上的話，筆者就可以斷言：「這是你人生第一場的勝利，也可能是你人生最後一場的勝利！」

　　對每個人來說，都要經過無數次的比賽（選舉），不要因為一次的勝利而沖昏了自己的頭腦，任何一次比賽（選舉）的成功與勝出，都是集合了許多人對你的期許。許多人支持、鼎力相助、由衷的對你付出……，你才會有今天的勝出成績；如果你忽略了這些，甚至根本就忘記了這些，那麼當你面臨下一次選舉的時候，那些原本十分支持你的人、對你抱有期許的人，這其中還包括了你的「粉絲」……，他們都會離你而去，因為他們

認為你不值得他們如此對你，他們看錯人了。

　　所以，一次選舉的勝利，尤其是那些對你來說，得來容易的勝利，有可能會讓你「人格」與「人品」、一顆原本善良和感恩的心以及認真工作的態度，一下子都消失不見了，你誤以為是你自己個人本事大、自己聰明能幹，得到了這個結果。那麼，你這一次的勝利有可能是短暫的；而你真正失去的卻是你以後的人生，不會再有這種容易的勝利，勝利是依託在別人的努力和付出上，你個人只是坐享其成，這是永久的！你可以掂量掂量你自己，這樣做你值得嗎？

啟示

☑ 最近有一位候選人，經常掛在口頭上的一句話：「成功不必一定要我，但是在成功的路上，一定有我。」這是一句很好的口頭禪，也是一句很好的「競選口號」。

☑ 2018 年 11 月 24 日，國民黨候選人韓國瑜先生在此次高雄市長的競選，一舉翻轉了民進黨執政了二、三十年的大本營高雄市，讓海內外的中國人一新耳目、嘆為觀止。人們稱這次選舉現象為：「韓流」！

第 02 條

選舉是一場賭博，
願賭服輸！

　　選舉當然不是一場賭博，這是毋庸置疑的一件事情。但是由於現在有很多人，都認為選舉就是一場賭博，不但是一場賭博，而且是一場人生的豪賭。這些人認為選舉是一場賭博是世人（大家）都知道的一件事情，是大家耳熟能詳並且有「社會共識」的，所以大家不必質疑，也不必付諸討論的。

　　於是，大家就用賭博的「行為規則」來要求和約束選舉及選舉中的一些程序與行為；但是，由於選舉真的不是賭博，雖然這件事情一時間，在目前積非成是的台灣社會，已經變得那麼蒼白和無力，不認同也不行，認同了也是行不通的。

選舉不是賭博的一些申訴與理由

其一：不能因為海內外許多的選舉，都另外有賭盤，就認定選舉是一種賭博的行為，海內外許多人都這麼在做，就認定了這一件事情。海外有些地方賭博是公開的、合法的，台灣因為是不允許公開賭博的社會，所以在選舉的過程中，政府明明知道有地下賭盤，好像也沒有認真的去取締，於是更加深了大家對「選舉即是賭博」的認定。

其二：把選舉看作是一種賭博，是把賭博弄大了，把選舉弄小了。因為，選舉是一個社會要發展與壯大何其宏偉的一件事，關係著這個社會的生死存亡的一件大事，賭博只是一個人的個人行為，頂多只會影響參與賭博的這個人的人生，不會影響這個大社會生死存亡與發展壯大。所以，我們不要誤以為：「選舉即是賭博，賭博即是選舉。」因小失大，誤人誤己，又誤國誤民。哎！可惜了。

其三：既然這樣，社會就不要也不會指鹿為馬或狐假虎威地用賭博的法則與行為來要求選舉、候選人及所有的普羅大眾……。

啟示 ------------------------------

☑ 要求任何一個候選人必須願賭服輸，既然
參加了黨內的初選，初選結果出來了，就
要服從，否則就違背了選舉（賭博）的遊
戲規則，成了一個不講信用、不守規則的
社會敗類和人民共同的敵人！這種話語又
從何說起呢？做人難啊！如果是對想為這
個社會與國家做一點事情的人來說，那就
更難了！

☑ 其實不論是選舉與賭博，都有自己的一套
遊戲規則，先不論是選舉還是賭博，所有
的程序都照著遊戲規則來進行。這有些像
大家參與「射擊比賽」，一切照規則來進
行，先將靶設好，然後參與比賽的人，一
個個開始射擊，最後依據每位選手的中靶

成績，決定個人的勝負。今天，如果有選
手在比賽之前臨時更動或改變了遊戲規
則，也不管別的選手有什麼意見，就繼續
完成比賽，最後有那些臨時改變規則的人
勝出，這種比賽的結果公平嗎？所有參與
比賽的選手還要承認這個比賽的結果嗎？
當然不會，對嗎？

第 03 條

只要求把「事做好」，而不是要求「做好事」？

　　有一個參與總統選舉的候選人，有人批評他每天沒有準時上班。他向媒體解釋，他每天雖然到中午才上班，可是他平均一天還是有批大約十份公文；這時行政院長講話了，他說：「我平均一天要批三十份公文──」，他講這話的意思，依筆者的推斷大概是說：「我一天批三十份公文，而你只批十份公文，這證明我比你認真工作──」。如果事情到此結束了的話，大家不再扯這個「話題」的話，也就沒事了，不是嗎？

　　沒有規則，那位被諷刺了的總統候選人，第二天又秀出一張照片，照片的內容是：「他站在一堆公文卷宗的旁邊，而大部分的卷宗都是紅色的（急件）。」他的意思是什麼呢？簡單的瞭解與推論就是，我批的公文比

你要多得多了……。這是什麼意思？其實這件事情一點意思都沒有。因為不同的單位批不同的公文，數量的多寡與兩位大人物的績效與功勞，是完全不相關的，是不能比較的。這個議題是個假議題，由兩位大人物的身上發生及引起社會上的討論，更顯現了目前這個社會上的政治人物本身不成熟與虛有其表，如此而已！

孔子的禮運大同篇

大道之行也，天下為公，選賢與能，講信修睦，故人不獨親其親，不獨子其子，使老有所終，壯有所用，幼有所長，鰥寡孤獨廢疾者皆有所養。男有分，女有歸，貨惡其棄於地也，不必藏於己。力惡其不出於身也，不必為己。是故謀閉而不興，盜竊亂賊而不作，故外戶而不閉，是為大同。當然，目前的選舉雖然照常舉行，但是選舉出來的結果，卻離老祖宗的宗旨與目的相去猶如霄漢，差了十萬八千里，反正永遠也不會相逢，永遠也不會實現。於是我們稱老祖宗的那一套為「高標準」，自己的這一套為「低標準」，反正大家不求有功，但求無過就阿彌陀佛了！

啟示 ------------------------------

☑ 管理學上有個故事：「寧願讓一個不懂電腦的人，去弄一台電腦；而不願讓一個精通外科手術的醫生，去搞一所醫院。因為前者頂多是弄壞一台電腦，所損失很有限的；而後者去搞一所醫院，將醫院搞垮了，這損失是很大的。」更何況今天的選舉，往往會選出一個不懂治國的人去搞一個國家，那麼要國家不滅亡，也是十分困難的了。

☑ 我們希望今天選出來的人，是能為我們管理政府與治理國家的；不是只會準時上下班與勤勞負責，每一天能批三十份公文的，對嗎？即使我們選出來的人不能每天準時上班，一天也批不了十份公文，

只要他能帶領我們高雄市，人能進得來，貨出得去，高雄發大財！我們也一樣給他點讚，高呼萬歲！

第 04 條

一瓶礦泉水、一碗滷肉飯能勝選？

　　去年 2018 年 11 月 24 日，國民黨高雄市長候選人韓國瑜先生，打著一瓶礦泉水、一碗滷肉飯的口號及要讓高雄市人進得來、貨出得去、高雄發大財，一舉翻轉了高雄市的選情，大敗民進黨執政了二、三十年的大本營高雄市而勝出，造成了韓流現象，讓海內外的中國人跌破眼鏡！爭贏民進黨候選人陳其邁先生 15 萬 306 票。創造了台灣選舉史上的一項「奇蹟」！

一瓶礦泉水、一碗滷肉飯真的能走出完整的選舉？

　　這真的是一個「假的議題」，也是不可能和不會實

現的。但是，如果從另外一個角度來說，候選人的粉絲與支持者自願參與和義氣相挺，自備糧草來參加造勢與遊行，這種行為從古時候就有的，譬如「簞食壺漿，以迎王師」，也是有的。這種事情到底不能視為「常態」而是「非正常」；因為，目前的社會要在短時間內感動許多人，又使這麼多人自掏腰包來鼎力相助某一個候選人，這是相當不容易的一件事情，也是可遇而不可求的一件事情。

當然，這不是理性的行為，也不是個人的一時衝動；而是一群人被積壓在靈魂深處多年的感情突然被湧動與激發了！這是很難的一件事情，也是可遇而不可求的一件事情。對遇到這件事情的候選人（當事人）來說，走過路過千萬不要錯過了！

所以我們可以這麼說：對候選人來說，你是只帶了一瓶礦泉水和一碗滷肉飯來參與競選活動，但是你的支持者（個人和團體）粉絲，他們自動自發帶糧草相約而來，他們帶來除了物質糧食，還有精神糧食……。於是大夥一湧而上，呼嘯而過，現場除了激情、感動，還有歡樂與淚水和汗水。

現在該你靜下心來好好的想想了，這可能是你人生

最輝煌的時刻，也是你這一生一個最大的轉捩點；再往
前一步可能是平步青雲一帆風順，也可能是遍地荊棘寸
步難行。一切在於你面臨這個處境的時候，當大家都激
動、興奮、高興、歡呼……；此時，你必須告訴自己，
讓自己不要被喜悅沖昏了頭腦，要冷靜、冷靜再冷靜，
要忍耐、忍耐再忍耐，要低調、低調再低調……。在筆
者所瞭解的目前政治人物裡面，幾乎是沒有一個人能挺
過這個「關卡」的，真的一個都沒有。於是，明明是一
件好的事情變成了壞的事情，最後樂極生悲不勝唏噓。

啟示

☑ 有一個候選人當時出來選市長，由於前幾屆的市長做得都不好，百姓大夥一致認為該換個人、換個黨來做做了；在前幾屆的市長任上，賺不到錢的或有賺又沒自己想得多的；在前幾屆市長任上，有吃虧、上當、受氣，生意又沒什麼發展及發大財的；在前幾屆市長任上，因為自己沒有關係、能力而漂泊到全國討生活苦不堪言的；有想要在 2020 年出來選總統的人……。今天表面上大家都在挺你、支持你，其實每一個人都是在挺自己、支持自己，這麼簡單的道理，難道會想不明白、想不通嗎？

☑ 前立法院長王金平先生在你選市長的時候，全力挺你當市長不遺餘力，甚至在造

勢大會上的大看板，你的照片下方王金平的名字中，將挺字的偏旁中的「壬」改成「王」，除了愛護你之外，真可謂是用心良苦啊！你還年輕，人家王院長已經 78 歲了，人生的「最後一搏」，如果你幫了他一把，你賺到的豈只是一個「好名聲」而已？

第 05 條

勤走宮廟的人，容易當選嗎？

選舉大家都知道是要深入基層，接近普羅大眾、接近人民，知道他們的生活與工作中的無奈和苦痛，在適當的時候給予他們幫助與支援，於是你和人民打成一片，變作你心中有我（人民），我（人民）心中有你；那麼當投票日來臨的一天，大家相約一起來投你一票，這不就是你日夜夢想，想得你食不知其味，睡覺時會半夜驚醒的事情嗎？今天，你來到地頭，見到了你的親人（人民）正要與他們搏感情，一起「卡拉 OK」，大碗喝酒，大聲地唱歌的時候……。有人告訴你，我們附近有八間宮廟，選舉光靠人民還是不行的，首先得取得「神明」的「庇護」，沒有「神明」的「庇護」，有些像入寶地沒有買門票，這種事情怎麼「妥當」？於是，你發愁了，到底是要先顧「神明」呢？還是先顧「人民」呢？

那人又會對你說，「人民」要顧「神明」也要顧，如果你沒有這些能耐的話就不要出來獻醜對嗎？

魚與熊掌不能兼得的時候怎麼辦？

目前選台灣總統的候選人在平台上只有兩位，一位是國民黨高雄市長韓國瑜先生，另一位是民進黨尋求連任的蔡英文女士，以兩者的實力與資源來說，自然是蔡英文女士目前遠遠領先，我們也不去分析蔡英文女士領先的原因，這不是筆者要寫這本書的原因與目的，所以可以略過不談。我們現在要談的是蔡英文女士放著總統府的正事不好好去上班，天天用國家經費和國家機器跑宮廟、遊山玩水帶看風景，有空時還可以說說風涼話；那麼，韓市長當你碰到這種對手時，你該怎麼辦？

以一人之力跟她作生死相搏，韓市長你要想清楚了，她是以一國之力在跟你玩，況且你又不是三頭六臂，更不是會七十二變的孫悟空；那麼，這種競賽是不合理與不公平的。由於筆者與你素昧平生，彼此既不相識又不瞭解，但是，筆者可以給你一個建議，就是你不必與蔡女士比賽「跑宮廟」，因為如果「跑宮廟」是

此次選舉決定輸贏的「重要因素」，以你目前能用的時間來「跑宮廟」，即使你跑斷了雙腿也跑不過蔡英文女士。最佳的策略就是你放棄這一項「跑宮廟」和她玩別的，這應該是上上策，更何況古今中外沒有任何一場的選舉，是因為候選人「跑宮廟」跑得多了而勝出的。不要受蔡女士的蠱惑，你走你自己的路比較重要。

啟示 ----------------------------------

☑ 西元前 323 年的冬天，亞歷山大大帝進兵
亞細亞。到了維吉尼亞城市時，聽說在廟
裡老國王給後人留下了一個百年未解的繩
結，並宣告：「誰能解開它，誰就會成為
亞細亞的國王。」

亞歷山大對這個結很有興趣，於是就去看
了這個神祕的繩結。他看了許久，始終找
不到繩頭，亞歷山大不由得從心裡佩服老
國王戈迪亞斯的智慧。最後，亞歷山大拔
出他的配劍，對準繩結劈了下去，這個保
留了百年的繩結就被他輕易地解開了。

☑ 元末明初，由於連年乾旱民不聊生，朱元
璋只得進了一間寺廟去當和尚，後來朱元
璋與兒時玩伴徐達、常遇春等，借著紅巾

起義，加入郭子興的隊伍，一個中秋節的晚上，在月餅中夾了紙條，約定大家起義推翻了元朝，成了大明開國的第一任皇帝。或許由於歷史上許多偉人進廟參拜，後來都成就了大事業，所以現代人在選舉時喜歡勤走宮廟亦未可知。

☑ 台灣的目前政體是蔣家從大陸遷移過來的，所以目前每個地區都有宮廟，然而宮廟儼然也成了大夥在選舉時集合和討論工作的一個非常適當的場所，加上宮廟原則上本身不分黨派，誰都可以自由進出，宮廟的管理應該有一個委員會，而非是某一個家庭或個人獨斷，雖然有些人一直想變作私有化，但真正能私有化的還是少之又少。

原來中國人的宗教信仰就沒有外國人那麼的專注，不會為了宗教大動干戈，甚至發動戰爭勢不兩立，出現有我無你、有你無我的對立局面；今天在台灣的宗教信仰問題，與其說是信仰太沉重，不如說是「神明」和「人民」相互利用、相互合作罷了，成了地方上一個利益的共同體，大家求名、求利、求財、求子……等，反正統統都行，有求必應；但是到底這「神明」靈不靈，大家都是心知肚明反倒是說不得的，說了對「神明」大不敬必遭天譴。

第 06 條

誰定遊戲規則，誰就能笑到最後？

　　現在的人將「選舉」稱作是一種「競爭」或「遊戲」，先不論這兩種說法哪一種比較正確，但對我們來說都是差不多的，並且這兩種說法有一個公約數就是一定要有遊戲規則，大家要按遊戲規則來進行它的程序。只有遊戲規則確定了，這些活動才能在規則的監督下，順利地進行及完成程序，結束每一場的比賽。所以我們可以這樣來解釋什麼是「選舉」？在一定的規則下進行一項程序，一直到完成全部的程序，分出勝負和結果，這就叫作：選舉。

　　如果你要參加一項「選舉」，首先你必須要「瞭解」這遊戲的規則，同時你也「贊同」規則的內容，接著你才決定是否要參加或不參加這項活動。如果你決定

要參加這項「競爭」了，那麼從開始到結束，你都得認同這項規則，就如俗話說的：「願賭服輸、無怨無悔、自始至終。」

但是，這一次的 2020 年台灣總統選舉，兩黨（國民黨與民進黨）的初選規則，一改再改，改得有些似乎不食人間煙火。總之，兩黨的初選規則，都是由黨內核心分子精心設計，在選前就已經決定了哪位候選人會當選，十拿九穩一點不差的。民進黨方面是蔡英文女士用霸王硬上弓的方式，一路由她說了算，規則可以改來改去，改到她高票當選為止；國民黨方面則是特定候選人與黨主席兩人表演的個人秀，為什麼要定這種「遊戲規則」？這種「遊戲規則」除了本黨在此次選舉中提出之外，古今中外有沒有一個黨，用過這種規則？筆者可以明白的告訴大家（台灣人民），你們今天定的這個規則，僅此一回永不再用，是為特定人士量身定制的。態度上與對手蔡英文女士的初選，也有雷同之處，即是：「老娘就是要這麼『蠻幹』，你們能奈我何？」內容上只是民進黨的初選，蔡英文女士硬是要加上有「手機」部分加室內電話。國民黨的初選硬是規定不能有「手機」部分只有室內電話，如此而已！此時，國民黨的兩

位參加初選黨員,其中一位前立法院長王金平先生宣布退出此次國民黨的初選,口中喃喃自語說:「這種奇怪的規則,我不參加了!」另外一位郭台銘董事長,在還沒有反應過來的當下,國民黨的初選結果就已經結束了……。

　　黨內初選制度的「使命與目的」,就是在選舉的過程之中,推舉出本黨實力最強、最有可能在選舉中勝出的黨內精英人士出來,他代表本黨與其他政黨的初選勝出的人,一起參加競選,然後能夠勝出;如果黨內的初選制度,做不到以上這一點的話,乾脆黨內就不要有什麼初選制度了,找一條章魚與幾個有候選人名字的球,由章魚哥去捉一捉,捉出哪一顆球,就派哪一位人士代表本黨出來去競選就可以了!

啟示 -

☑ 一個好的制度，必須是要能解決問題的，如果定出來的制度，既不能解決問題，反而搞出來許多新的問題，此時最佳的決策即是：不要有什麼鬼制度。

☑ 國民黨是一個百年大黨，如果今天被玩成快要亡黨亡國了；此時此刻最最重要的使命，即是：救黨救國，捲起袖子，大夥沒日沒夜地去幹活吧！還有人有時間天天高談闊論，相互批評，謀權爭利，天天喊喊團結口號虛應一下故事。真能救亡圖存？實在令人費解……。

第 07 條

選舉八字真言：選賢與能，講信修睦

　　在台灣現今的選舉制度下，真的是做不到「選賢與能，講信修睦」這個高標準要求，我們頂多做到「行禮如儀，兵戎相見」這個低標準，已經是阿彌陀佛、高呼萬歲了。

　　筆者想到這個故事：

　　有一天，乾隆皇帝與大臣在江邊看來來往往的船隻，皇帝問大臣：「愛卿，這江上有幾條船啊？」大臣認真地用手指數了一下，回答：「依臣計算有十八條船——」口中尚喃喃自語說：「那些太遠了，我看不太清楚就不計數了……。」乾隆皇帝清清嗓子說：「沒有愛卿你說的那麼多，江上只有兩條船，一條為名而來，另一條為利而來。」

　　台灣選舉選了那麼多年，累計選出多少公職人員，

大家捫心自問：「有幾個人是賢？有幾個人是能？」在
選舉的過程中，有多少候選人開出來的選舉支票有兌
現？有多少候選人在選舉的過程中沒有攻擊對手、抹黑
對手？答案非常明確，因為我們水準不夠，我們做不到
也做不出來；但是即使是如此，在政見辯論開始時，大
家也能面帶微笑握握手，在辯論結束時兩個大男人來一
個愛的「抱抱」。

　　《論語》中有一段話，孔子說：「君子之間是沒有
什麼爭論的事情，一定要說件事情的話，當射箭比賽開
始的時候，比賽雙方對立行禮，表示相互禮讓，然後比
賽開始了。等待比賽結束了的時候，不論誰輸誰贏，彼
此對飲酒一杯，贏的人說：『承讓』！輸的人說：『哪
裡』！」像他們這樣的，大家很有禮貌與風度，既使是
雙方在「競爭」，始終保持著君子的氣度。啊！這不就
是一場「君子之爭」嗎？

　　目前在檯面上的政治人物，不論是屬於哪一個政黨
或是獨立參選人，有人真的不為名或利而來的嗎？當然
沒有。因為目前台灣的選舉文化，選舉是很花錢的一件
事情，選贏了還好；選輸了，真的是傾家蕩產，立刻就
是債台高築。哎，選舉難啊，今天的選舉更難。

啟示 ----------------------------------

☑ 所以有人說他一瓶礦泉水、一碗滷肉飯來
參加選舉，大家聽聽就好了，不必太認
真。如果你太認真了，你立刻就會活不
下去，被送進醫院「急診室」去掛「精神
科」的號。筆者保證你一定是走著進去，
躺著出來，從此不出來了。

☑ 選舉不是說每一件事情你都得花錢，然而
你沒有花錢是不用來選舉的；但是，如果
你自己沒有錢，別人又不肯幫你出錢的
話，你真的就不必來參加選舉了！

第 08 條

國民黨的高層腦袋真的進水了嗎？

選舉的語言當然和選舉的行為有著密切的關係，因為語言往往是替行為打「頭陣」的，也就是說先放話過來，接著就要兵戎相見了。有一次有人問一位候選人說：「你當選了之後，你會不會『逃跑』？你會不會『貪汙』？」那位候選人回答：「如果你們都支持我，我當選之後。如果沒有做滿任期『逃跑』了，或我有『貪汙』的行為，被法院認定，那就把我關起來關到我死，特赦我都不要出來──」

美國林肯總統有一次演講時，一位婦人氣呼呼地問他：「你長得那麼醜，為什麼還要滿街亂跑？」林肯總統委屈地說：「夫人，我長得醜你不能完全怪我，應該怪我的媽媽把我生成這樣，我也沒辦法，對嗎？」那位

夫人一聽，更是火冒三尺，大聲地說：「長得醜不能怪你，要怪你的媽媽；但是你明明知道自己長得醜，你可以躲在家裡不要出來呀！我當然怪你。」

過沒多久，那位候選人順利地當選的市長，椅子還沒有坐熱接著就宣布要去競選總統，於是當時與他約定他不會「逃跑」的朋友就去責問他：「你當初答應我，你不會做『逃跑市長』，今天怎麼就說話不算數了？你得給我一個交代。」那位候選人十分委屈地說：「你以為我願意啊！我也是不得已！我的那些『粉絲』哭著要求我一定要出來選總統，並且告訴我你當選了總統不但能照顧到市裡，更能照顧到全台灣……。於是，我向大家宣布：我將不惜拋棄一切，粉身碎骨要選這個總統……。」說著說著他有些哽咽，有些快說不下去。他的朋友氣乎乎地說：「你可以躲在家裡不要出來啊！」

啟示

☑ 現在選舉的地區這麼大，候選人與選民（人民）素不相識，他為什麼要投票給你，而不是別人，就是他們覺得你（候選人）的人品好、值得信任。今天你對選民失信了，你讓選民怎麼投得下去？這麼簡單的道理你不能理解，是不是你的腦袋進水了？

☑ 有三個婦人在河邊洗衣服，有一個禪師經過她們身邊，三個婦人於是向禪師請教：「我們三人的兒子哪一個最優秀？」第一位婦人的兒子唱著歌走了過來，第二位婦人的兒子跳著舞走了過來，只有第三位婦人的兒子，默默地走到他母親的身邊，將母親洗好的衣服拿出去晾曬。

禪師咳了聲說：「我只看到一個兒子，就是知道幫母親去曬衣服的那個小孩。」

☑ 什麼叫作「庶民」，就是社會上的貧苦大眾，比較需要政府與官員特別照顧與支持的老百姓。如果有一位候選人，能夠苦民所苦，忠心誠懇地解決他們的問題、幫他們排憂解難，與他們緊密地在一起，共同奮鬥與生活，你就是他們的「活菩薩」，他們全家都會支援與擁護你。那麼，你又何愁你會不會當選？真的，他們要求的不多。不是 F-1 賽車、愛情摩天大樓及發大財；他們只想在他們生長、工作、生活的土地上，有份安穩的工作，有一口飯吃，不用到別縣市流離失所，如此而已。

第 09 條

候選人的「人品」決定選舉誰能勝出？

　　當一個候選人參加一場選舉，他的唯一「目的」就是希望他在這場選舉中能夠勝出，否則他就不必參加這場選舉了。

　　但是一個蘿蔔一個坑，任何一場選舉都會有僧多粥少的現象，一個位置有許多人要出來競爭，那麼最直接的想法即是，大夥來講講看有沒有可能某些人退出？由沒有退出的人給那些退出的人一定的「承諾」。首先將這場選舉單純化或簡單化，如果能夠做到這樣的話，也就等於先來一場初選，將參加選舉的人數先進行一次刪減，最好刪減成兩個人來決賽，那麼對候選人與選民來說，就比較爽氣和不拖泥帶水。所有的選罷法都是明文禁止以上的這種行為，人們稱這種行為是「搓湯圓」。

搓湯圓在台灣的選舉中是不合法的，但是大家還是在做，或明或暗。

即使一場選舉只有兩個人出來競爭，根本的問題還是存在的，就是只有一個人會勝出，另外一個人敗選。那麼，誰會勝出誰會敗選呢？那就要靠候選人各自的實力，有實力的贏，沒實力的輸，這是天經地義的道理，也是毋庸置疑的結果。

什麼是實力呢？財力、人脈、組織及有經驗的助選人員，再加上天時、地利、人和及運氣缺一不可，筆者經常與年輕人聊天，他們最常問的一件事情就是如何幫人打工和創業，要怎麼做才對？筆者告訴他們，首先就是要在態度上認真對待目前在做的工作，不要三心二意，在全球經濟不景氣與低迷的今天，有一份工作可以做就不容易了，一定要好好的把握，認真負責努力的去做，這就是你們的福氣！筆者反覆與他們強調，最後你做得怎麼樣，這是由不得你自己的，這得看你的老闆、同事與客戶對你的評價與肯定，講難聽一點，也就是說你只能聽天由命了。聽天由命是什麼意思？那就得靠「運氣」，在各項成功的因素裡面，也就是說，在每個人的一生之中，榮辱富貴除了個人的努力外，「運氣」

反倒是最最重要的影響因素，自然也包括我們目前在談的主題「選舉」，這件事情一個候選人最後當選與否，只得靠運氣了！

因為「選舉」太複雜與有許多說不清楚和講不明白的地方，不是一下子可以搞懂的，但是我們已經沒有時間讓大家（人民）說清楚和講明白了，我們就用孫中山先生（國父）的「知難行易」學說的方式，先做起來吧！因為選舉這項工作，我們已經在做了，並且做了好幾年了，也不可能要等大家都弄懂了之後，才來辦選舉，對嗎？因此，我們邊學習邊選舉，這也是行得通的，並且是比較務實和科學的一條路子，這樣蠻好，不是嗎？

目前，台灣 2020 年 1 月 11 日的總統與立法委員的選舉，已經如火如荼的全面展開中，每一位候選人正如八仙過海、各顯神通，各種競選的手段、技巧、花招應有盡有花樣百出，每一位候選人依據自己的條件，使出渾身解數，讓大家目不轉睛、嘖嘖稱奇，幾乎是集中了全台灣的物力、人力和媒體，日夜不停地去唬弄選舉這件事情，樂此不疲。

但是所有的候選人都搞錯了一件事情，那就是「人民最終會將自己神聖的一票投給誰？」絕對不是他們目

前竭盡所能所表現出來的那些「行為與意思」，人民不會個個是智者，人民也不會個個是傻子；人民最終會把自己神聖的一票投給一位真正關心台灣 2300 萬人民生死存亡，能與他們一起在世界大環境巨變下，突圍而出、求生存、謀發展的人。一位真正能為他們做實事，真正敢作敢當，不計個人毀譽，能為台灣 2300 萬人民粉身碎骨、死而不悔（標準有點高）、說話算數負責任的男子漢大丈夫！

啟示

☑ 我們現在要找的候選人，有點像宋朝寫
〈岳陽樓記〉的范仲淹先生，摘錄此文的
部分內容如下：

「嗟夫！予嘗求古仁人之心，或異二者之
為。何哉？不以物喜，不以己悲。居廟堂
之高，則憂其民；處江湖之遠，則憂其
君。是進亦憂，退亦憂。然則何時而樂
耶？其必曰：『先天下之憂而憂，後天下
之樂而樂』歟？噫！微斯人，吾誰與歸？」

☑ 不要將選舉簡單的定義為，候選人之間民
調、網上點擊率、網紅……等種種奇奇怪
怪的玩意？公道伯王金平前立法院長已經
不跟你們這麼玩了。你們網上的點擊率再
高，也高不過一位歌星或在網上賣情色用

品的任何一位網紅；你真的以為將自己變成網紅以後能吸引更多年輕選民的票？這只是緣木求魚，搞錯方向不科學的一種行為。

第 10 條

誰能讓人民看到他們的未來，就會當選

　　每一位候選人，看看天天圍在你身邊的人，他們為什麼會圍在你的身邊，是因為你能給他們一些什麼對嗎？如果他們天天圍在你的旁邊，而你什麼都不能給他們的話，他們這些人就會不圍著你，慢慢地散去了。

　　從前有一位大官做生日，真的是高朋滿座好不熱鬧，一位記者私下問他：「你有多少朋友與佳麗？」那位大官笑著說：「現在說不準，要等我退休下野了之後，才知道我到底有多少朋友與客人。」這位記者也從大官的回答中，體會到官場的冷暖人情……。

　　哎，人走了茶涼了，水倒了。

　　每一位候選人都心知肚明，先不論你現在的職位是市長或總統，如果你真要繼續選下去的話，光靠目前

在你周圍的數十個人或數百個人是遠遠不夠的對嗎？因為最後決定輸贏的選票，都是數十萬或數百萬計算的。那些圍在你們周圍的人，說真的是微不足道，幾乎是可以忽略不計的。並且所有圍在你周圍的人，也都是想因為圍在你的周圍占一點你的「光環」，各有所求，各有所需；既使圍在你周圍的人，他們口頭上都說是被你的人格感動，同你一起不計個人毀譽來為人民服務，你們真的會相信他們講的話都是真的嗎？當然，你們個人聽聽就好了，也不必期望這些人都掏心掏肺，以示忠貞不二，這是做不到也是不現實的對嗎？有一位候選人，因為壓力太大，脫口而出：「你們所有的人都把我當成唐三藏了，都想在我的身上吃一口肉——」；另一位候選人出國去拚邦交，帶了身邊的人出國回來的時候，發現那些你的自己人偷偷的去弄了一萬條香菸回來。唉！你是在拚邦交，他們在拚香菸，對你拚總統的人來說情何以堪？

啟示 -

☑ 人性是善是惡姑且不論，但是有一點卻是
一定的，既是每一個人到了關鍵的時刻，
都是自私自利的，都是只顧自己的，沒有
一個人可以例外。所以，古人所謂的樹倒
猢猻（猴子）散，說的就是這個意思。

☑ 有一天，毛主席同周恩來和劉少奇三個人
在一起閒聊。毛主席提出一個題目，怎
麼讓貓吃辣椒？劉少奇搶先說：「將貓抓
住，用辣椒塞進貓的口中不就得了。」
毛主席不以為然的說：「不行，不能用強
迫的。」周恩來接著說：「將辣椒切碎，
包在魚的肚子裡，貓在吃魚的時候，不知
不覺中就會吃下辣椒。」毛主席又搖搖頭
說：「不行，不能用欺騙的。」於是，他

們兩個都傻了，一起看著毛主席問他要怎麼不用強迫，又不用欺騙，可以讓貓心甘情願地吃辣椒？毛主席笑著對他們說：「將辣椒擦在貓的屁股上，貓因為難受，自己會舔光。」

因為要選民將票投給候選人你，不能用強迫的，也不能用欺騙的，做為候選人，你得好好想一想要用什麼法子？

你們目前用的方法都不行，不是用強迫的（不投我你們就要被中國統一了），或是用欺騙的（大家發大財）。當選快半年了，也沒看到有多少人發了大財？筆者已經提醒你們了，要大家心甘情願的才行。

比方說：你喜歡吃「漢堡」、魚喜歡吃

「蚯蚓」，你不會用「漢堡」去釣魚吧？

第 **11** 條

「打動」選民的心，而不是「打痛」選民的頭

　　選舉，原本就是要用一種高明的推銷術來「打動」選民的心，而不是「打痛」選民的頭，是嗎？試看目前的所有候選人，有哪一位的行動「打動」到選民的心嗎？沒有。有哪些候選人的行動「打痛」到選民的頭嗎？有的，很多。朋友，人家（人民）把你們取了兩個外號，一個叫草包，另一個叫菜包。你以為真的是「瞎取」的嗎？當然不是。人家是認真的！

能感動對方，才是高明的推銷術！

　　有許多人一廂情願的認為：「推銷嘛，只要是你看中了對象就上去，沒有不成功的。」比方說你看中了這

位姑娘很漂亮，你很喜歡，於是你便直接問她說：「娶你要多少聘金，你們開個價，我要娶你。」你想，用這種方式會成功嗎？當然不會，除非對方是個醜婆娘或是個唯利是圖的，否則這種方式是絕對行不通的。那麼要怎麼做才算是正確呢？方法無它，也就是說你要千方百計地打動她的心，而不是開門見山式的去打她的頭，對嗎？

　　台灣的名作家蔡阿西（如有雷同，純屬虛構）早年追求他的夫人，他們同在一個辦公室上班，蔡阿西很喜歡葉小娟（如有雷同，純屬虛構），於是蔡阿西展開了鮮花攻勢。他每天早上偷偷在葉小娟桌上的花瓶中插上一枝玫瑰，風雨無阻數年如一日。葉小娟由好奇到喜歡，最後想要去瞭解到底是誰這樣做的時候，蔡阿西的鮮花攻勢已經完全攻占了葉小娟的心房。結果，有一天當葉小娟發現是誰的時候，兩人自然而然地就……

子曰：為政以德，譬如北辰，居其所而眾星共之。

　　自古以來，我們對從政的人士都要求要少講話多

做事，這種風氣最近被一些不成氣候的人給破壞了，他們天天到處胡亂講話，故意製造話題，今天講東明天講西，有的因為他講多了，加上貴人多忘事，除了不能實現他自己給選民的承諾，失信於選民之外，他還要「硬拗」一定要說到他贏。

　　前幾天有一位候選人不小心說：「鳳凰都跑走了，弄了些雞進來。」旁邊的人告訴他：「市長，你這麼說不對。」他馬上改口解釋說：「我說雞進來絕對沒有貶低『人才』的意思，因為我本身是屬雞的，雞很勤勞的，天不亮就跟大家『報時』。」可是這個風波並沒有因為他的解釋而平息，過了幾天他又開記者會說：「因為自由行的陸客不進來了，台灣從東南亞迎進了許多觀光客，他們進來不是為了觀光的，有些是非法打工，有些甚至是『做雞』（賣淫）的。」政府部門立即回應說：「進來那麼多人，真正從事賣淫的才一千多人，占的比率是很低的。」搞得全民因為他一個人胡言亂語，亂了一個星期……。唉！老百姓招誰惹誰了。

啟示 ------------------------------

☑ 有人去問孟子：「我是一個偷雞賊，最近我反省發現這種偷雞的行為很不好，我想予以改正，您說我原來一天偷一隻雞，現在改成十天偷一隻雞，您說行嗎？」孟子回答說：「一天偷人家一雞與十天偷人家一隻雞，都是偷了人家的雞，都是偷雞賊，本質上並沒有什麼差別；既然你自己都感覺這種偷雞的行為不對，為什麼不把這種行為戒了？」那人摸摸鼻子，不聲不響地走開了。

☑ 有一個人很不會講話，一天他自己生日做壽，請了許多客人，要開席前來的客人不多，他在門口張望隨口說：「該來的人怎麼還沒來？」已在現場的人中，有些人便

想：「原來我們是不該來的人？」於是便
起身離去，他看到有人要走時，又急著
說：「不該走的人怎麼都走了？」最後剩
下沒走的人，也只好起身往外走了。

第 12 條

只許州官放火，
不許百姓點燈？

　　蔡英文女士於 108 年 7 月 22 日結束出訪返台，誰知風光不到三分鐘就遇上一籮筐不順心的事情，先是在一片「下台」聲中被接機，接著又被爆出「出訪」涉入走私香菸的驚天醜聞。

　　9800 條免稅菸，大概涉案人吳宗憲先生一個人抽到死也抽不完。果然據相關人士爆料，訂這批菸的人除了有總統辦公室人員、國安局人員，甚至連國安會祕書長李大維辦公室的人也有參與。

　　這個案子拖到 9 月初，在島內似乎已經被大家淡忘，因為每天都有新的事情出來，再拖下去極有可能就不了了之。但是，筆者卻認為此事體大，得好好扯一扯，說清楚講明白才好。否則，上樑不正下樑歪，台灣

的前途真的是堪憂啊！

士大夫之無恥，是謂國恥

　　蔡英文女士被原來的盟友台北市長柯文哲先生酸言，在你身邊的人都是貪汙犯，令其十分難堪，有些無地自容的感覺，所以這次免稅菸的事件對蔡英文女士來說，真的是打擊與傷害是無與倫比的。

　　此事件很明顯就是一個團體行為，據相關人士報導此事由來已久，甚至一直可以追溯到前朝或前前朝（前幾屆總統）。就是因為如此，到目前為止沒有一位總統府的官員挺身而出，認罪、悔過、請辭、投案的，大夥都抱持著一種文過飾非混水摸魚的心態，反正得過且過，騎驢看唱本走著瞧。

　　筆者認為：這種態度就是士大夫之無恥是為國恥。朝政到了這個地步，做這些人領袖的蔡英文女士，你要讓她能做什麼又說什麼呢？還記得明朝崇禎皇帝自縊時說的最後一句話：「朕非亡國之君，臣子皆是亡國之臣——」

　　你在民進黨將墮之時以一介書生，救民進黨於將

亡之際，號召全黨同志翻轉了大局，在選舉中勝出，重掌執政與立委過半，何其壯哉！你沒有愧對民進黨，是民進黨愧對了你，現在大局已到，如此危機存亡之秋，光靠你一人之力難挽頹勢。筆者敬佩你，但也為你不值⋯⋯。

啟示 -

☑ 郭台銘董事長敬佩你的地方是你沒有特赦
陳水扁前總統，但是除了郭台銘董事長一
人公開這麼說之外，當今政壇還有第二個
人嗎？人生在世得一知己，也是不容易
的。

☑ 台灣前總統陳水扁先生於 2018 年 11 月
11 日，參加台獨團體「一邊一國連線」
舉行所謂的陳水扁受迫害 10 周年紀念晚
會，盛況空前高朋滿座。
他的兒子陳致中發言表示：「一邊一國連
線」將邀請父親出席晚會，並讓父親說出
自己的心路歷程以及被不平對待的情形。
至於陳水扁先生本人的反應，據陳致中先
生說他父親非常高興接受邀請，並且承

諾他不會缺席這次為他舉辦的晚會。

☑ 《論語》子曰：「道之以政，齊之以刑，民免而無恥；道之以德，齊之以禮，有恥且格。」

孔子的意思，如果一個政府只是單一的用法律來治理國家的話，百姓只因為害怕才服從政府；如果政府用引導的方式讓百姓遵守法律，大家從內心認可了這個政府，這樣人民與政府才能上下一心，共同為國家奮鬥與努力。

第 **13** 條

選舉是打群架，而不是單打獨鬥！

　　台灣社會選舉選了那麼多年，大家似乎還搞不清楚什麼是選舉？為什麼要選舉？選舉對個人有什麼好處？選舉對社會國家有什麼好處？雖然以上這些大家還是不清不楚，但這並不影響我們繼續舉辦選舉，甚至有人把選舉當作一個生意來做，祖孫三代代代選舉下去，於是選舉變成了你們家人的專利，選舉本身是一件好事情，但是有多少人藉著選舉之名，幹出多少傷天害理、滅絕人性的事情來了。

　　在君主政體改成民主國家之後，政府還政於民，於是便有了選舉制度，選舉制度使得公民有被選舉與選舉的權利，既是公民的一項權利，也是公民的一項義務，每位公民必須要珍惜這參與政治的權利與義務。利用選

舉來參選，如果勝出就有了替國家服務的機會；或參加投票，選出適才適任的人來為國家服務，這就是我們目前所謂的選舉⋯⋯。

選舉是打群架，而不是單挑！

選舉自從在台灣開始舉辦到目前，形成一種獨特只有台灣才有的選舉文化，開天闢地、史無前例、獨一無二的台灣選舉文化，不倫不類、奇奇怪怪，目前台灣社會的怪現象，為何會成這樣，一時也說不清楚講不明白了。但是，目前的這種選舉亂象，絕對是台灣民主政治演進的一個大敗筆，我們今天如果不改變，明天就要後悔，並且後悔也來不及了！

亂象一：全台灣的電視台、電台，一天 24 小時都在播政論節目，一人一號各吹各的調，大家又不遵守邏輯法，不偷跑、不取巧、不抹黑選的人都不用選了；但是偷跑、取巧、抹黑也不保證你一定會當選？這就是台灣目前最大亂源之一，一種政治上的「癌症」。（消耗了大量的社會資源，一點生產效率都沒有的。）

　　亂象二：選舉原本是一種團體作戰，我們目前幾乎都是候選人在作個人秀，一個人在表演，但又沒什麼演技，又沒有好的劇本，歹戲拖棚人民受罪。啊！到底招誰惹誰了。

　　亂象三：民進黨前創黨立法委員朱高正先生，從德國哲學家康德名言：「國家是一群惡魔的組合。」中悟出其個人的名言：「政治是高明的騙術。」沒想到台灣目前的政治人物個個都演變成了：「翻雲覆雨指鹿為馬的高手。」真不知道是這個時代太差，還是當代的人物太差了？

啟示

☑ 「人恆過，然後能改；困於心，衡於慮，而後作；徵於色，發於聲，而後喻。入則無法家拂士，出者無敵國外患者，國恆亡。」今天面臨 2020 年的選舉，大家由於吃了芒果乾而有亡國的感觸，其實真正的亡國原因不是因為吃芒果乾，而是我們目前在玩政治的人物，沒有一個是古時候可認定的「法家、拂士」，大部分都是一些「濫竽充數」的傢伙，可悲呀！

☑ 春秋時代齊景公帳下有三員大將：公孫接、田開疆、古冶子，他們都戰功彪炳，但也因此恃功而驕，晏子為避免未來這三個人可能造成的禍害，建議齊景公早日清除禍患。

於是，晏子設了一個局：讓齊景公把三位勇士請出來，要賞賜他們三位兩顆桃子，而三個人無法平分兩顆桃子，晏子便提出協調的方法，即是三人比功勞，功勞大的就可以取一顆桃。公孫接與田開疆都先報出他們自己的功績，分別各拿了一個桃子。這時古冶子認為自己的功勞更大，氣得拔劍指責前二者；而公孫接與田開疆聽到古冶子報出自己的功勞後，也自覺不如，羞愧之餘便將桃子讓出並自盡。儘管如此，古冶子卻對先前羞辱別人吹捧自己以及讓別人為自己犧牲的醜態感到羞恥；因此也拔劍自刎了。就是這樣，晏子只靠兩顆桃子，兵不血刃地除掉齊國的三位壯士。

今天，蔡英文辦公室出了 9800 條免稅菸的醜聞，加上蔡英文辦公室又是人才濟濟，雖然可能沒有像古時候的「法家拂士」；至少也有一個像晏子一樣的謀士或閨蜜，拿 200 條香菸出來誘殺一、二個忠貞之士，平息一下因為此事件的民憤，不要讓台灣百姓誤以為蔡政府中盡是些酒囊飯袋？

第 14 條

誠實是最佳的防守

　　選舉的時候，候選人難免有被選民懷疑的時候，當然最好的防守就是以誠實來對待，只要你誠實了，雖然你的行為或言語有些不妥或傷害到了對方；反正大家坐下來，有事好商量，大家或各讓一步，事情最終能得到解決，或許不是很圓滿，但是雙方都能接受，好過大家翻臉或兵戎相見？

　　從前英國發生了叛變，叛軍殺了國王，俘虜了王子。叛軍在城下吶喊著：「趕快將城門打開，否則我們殺了王子。如果你們不投降的話，等城門被攻破，我們不會留一個活口──」此時，城上守軍十分害怕，大家人心惶惶不知所措。

　　王后一下子跳上了城垛，向城下叛軍喊話，同時掀開了裙子，大聲地說：「你們殺了王子好了，你們都看

見了，如果你們殺了王子，我還能再生一個——」叛軍們看到王后彪悍的形象，一下子像洩了氣的皮球，作鳥獸散，於是城下之圍就解開了。

　　有的時候，為了掩飾自己說謊，又說了另外一個謊，越說越離譜，將原來一件小事情弄大弄臭了。總之，如果有人半夜裡在門的背後拉了一坨大便，只要等天一亮，人家一開了門，大便就被看見了。因此，遇到事情，最佳的方法還是誠實面對方為上策，不是嗎？

啟示

☑ 特勤走私香菸案是「超買」還是「走私」的爭議，引發國人反彈，總統府還發聲明澄清，強調此案由司法單位偵辦，總統府不會進行定調偵辦中的司法案件。台北市長柯文哲揶揄蔡陣營說：「他們在新編國語辭典，走私叫超買，以後貪汙就叫為民服務費用。」藍陣營的羅智強說：「走私香菸叫『超買』的話，那麼陳水扁的貪汙案，就叫做『超拿』。」

☑ 現在台灣社會的亂象，都是大家自己搞出來的，所謂：上樑不正下樑歪。總統府一府的精英到國外去訪問、拚外文，除了坐總統包機和訪問的過程外，其他的內容與國內任何一位人士的出國都一模一樣。出

入境規定每一位出國的人士，回程可以攜帶一條免稅菸，如果有人不依規定超帶了，就按出入境管理條例辦理，清清楚楚明明白白，有什麼好猶豫和不解的？之所以會有高層插手講話和解釋，就是總統府不想將這件事情按「常規常情」來處理，想用總統府內高層的權利來影響這件案子的進行。最後，高高舉起，輕輕放下，就沒事情了。大夥還是正常上班，以後做事情要小心一點，千萬不要超買、超帶了，尤其是華航公司更不應該將這一批 9800 條的走私菸放在華饌倉庫，這種誤放的行為以後一定要禁止。

☑ 奉公守法是全國上下一致的事情，今天在

上位的人可以率先不遵守法令，那麼，在下位的人也會依樣畫葫蘆大家一起來，現在我們這個社會之所以到處都是「亂象」，就是那些始作俑者其無後乎？

☑ 候選人也不是說每一句話都要說真話，如果你覺得此時此地別人問你一件事情，你不願意說出來；那麼，你可以不說出來，你就告訴那位問你的人說：「我不方便說──」這樣就好了，也不必說一些「藉口」和「假話」，因為這是你的權利，憲法所賦予你的權利，只要你不是在法庭上「作證」，懂嗎？

第 15 條

候選人的說話技巧與藝術

　　任何的選舉，候選人必須要說話，不說話如何能參與選舉，所以如何在適當的場地和時間說應該說的話，對每一位候選人來說就顯得十分的重要了。往往有一些的候選人，不懂得「說話的技巧與藝術」，將一場對自己十分有利、好好的場子，因為不會說話或胡亂說話，弄得雞飛狗跳不可收拾！

案例一：高雄市韓國瑜市長接待日本學者松田康博先生等人訪問團

　　高雄市長韓國瑜 108 年 9 月 6 日接見日本東京大學兩岸關係研究小組，韓市長聲稱等了日本人 25 分鐘，但遭到訪問團召集人松田康博先生的否認，並表示因為

是高雄市政府臨時告知更換了地點才會有遲到事情發生，沒想到韓市長一邊和客人說了抱歉，另一邊卻向台灣的媒體說自己等了日本客人 25 分鐘，松田康博有些不高興地說：「真的難以理解韓市長以及他的團隊這樣的行事作風。」於是造成了一定程度雙方的誤會和遺憾……。

高雄市前市長總統府祕書長陳菊女士 9 月 6 日下午的臉書上立即發表了她個人對這件事情的看法，此次來高雄市訪問的日本友人，都是在日本數一數二重要長期關心及對台灣友好的朋友，今年和去年松田康博教授和若林教授兩次率團來訪問台灣，她都邀請他們與她一起吃飯，大家都聊得相當開心和愉快，讓她覺得收穫滿滿。對於日本那些研究台灣的學者們如此熱愛關心台灣，她個人感到非常的感激，希望台日友誼越來越好、越來越深。

總統蔡英文女士說：「畢竟他們來到台灣，能夠多瞭解台灣一些事情，所以我也希望我們對於他們的接待都能特別的謹慎，也要符合國際的禮儀。」

行政院長蘇貞昌先生說：「大家應該知道國際上也有許多人在關心和評判台灣，所以我們做每一件事情都

會影響台灣的形象。行政首長言行動見觀瞻，接待外賓的時候如有疏漏，應該立刻道歉處理，不要鬧笑話到國際。」

子曰：「可與言而不與之言，失人；不可與言而與之言，失言；知者不失人，亦不失言。」

孔子說：可以同他交談卻沒有與他交談，這是錯過的人才。不可以同他交談卻要同他交談，這是白費口舌。有智慧的人既不錯過人才，又不會白費口舌。

今天，台灣的社會肯定是一個「亂世」而不是一個太平世，亂世是不適宜出來做官與為民服務的，所以有智慧的人教我們等到太平世的時候才出來做官，來為民服務；處在今日這種亂世要趕快躲藏和隱居山林，不要出來拋頭露面。如果你今天違背了古代聖賢的智慧，也就是說違背了天意，你的前途一定是坎坷不平。

啟示 --------------------------------

☑ 台灣今天處在中美兩大強國之間，一方拿你當「棋子」，另一方想併吞統一你；天處此危急存亡之秋，正需要有「法家、拂士」（忠貞賢士）來捍衛自己的國家與百姓。如果，有人以為自己也可以成為棋手與中美兩大強國一起「博奕」，那是你太高估了自己，低估了中美兩國；反之，你口頭上同意維持現況，骨子裡天生反骨，天天想著「台獨」，老實告訴你：「中國共產黨絕對不是謙謙君子和吃素的人，他們不懂得什麼是溫、良、恭、儉、讓。」

☑ 山外青山樓外樓，西湖歌舞幾時休，暖風熏得遊人醉，直把杭州作汴州。

今天的台北，你們是否以為是當年的南

京？整日裡粉飾太平，歌舞昇平過日子，所有當權的政客官員哪個不是為著名利而來，能分贓的地方，哪一處不是你們的狐朋狗友，今天華航的高管哪一個不與民進黨有千絲萬縷的關係？今天你們還不放下屠刀幡然悔悟，還在等什麼？

☑ 總統候選人韓國瑜先生，對日本教授講錯一句交際上的語言，在二十四小時之內，由當朝三大巨頭總統、總統府祕書長、行政院長立即給予了批評指教，你們不覺得自己很無聊嗎？這是國家處在今日危急存亡之際，你們三位國家棟樑應該關心的，你們想做的事情嗎？未免太 low……？

第 16 條

候選人應該在什麼時候說什麼話？

　　由於每一位候選人要參選的職位不同，依據你個人的需要與情況，在各種不同的狀況下，該說些什麼樣的話既符合你的身分，又適時地講一些該講的話，這就是一種高明的說話藝術。

　　並且每一位候選人，由於各自原來專業的不同，當他面臨講話的時候，往往在不經意中，說了自己專業上的話或術語，對選民（普通百姓）來說，由於對他的專業的不瞭解或他這種講法同一般候選人的講法大異其趣，而互相從不瞭解到產生了一些誤會！有這種情形的話，是非常不值得和可惜的。

見人說人話，見鬼說鬼話嗎？

　　有一次，孔子乘坐馬車出來遊玩，當大夥在休息的時候，馬匹突然掙脫韁繩跑掉了，馬將路邊田地裡的莊稼啃吃了一些。農夫非常生氣，就將馬匹和車子扣住了不還給孔子。

　　孔子的弟子子貢（能言善辯）去和農夫談，他說了半天，農夫不理他，只好回來向孔子報告說：「不行，他不理睬我，不還就是不還──」孔子的弟子子路（孔武有力）向孔子請求說，讓他去試試，孔子同意了，過沒多久他垂頭喪氣地回來覆命：「人家根本不理睬我們，我只好回來了。」子路說。正在大夥不知所措的時候，孔子的馬夫自告奮勇向孔子說：「讓我去試試。」

　　馬夫見到了農夫，用方言（當地的語言）向農夫打招呼，然後說：「我們經過你們這裡，我的馬吃了你的莊稼，這也是一種緣分啊！出門在外，到此處跟大爺你添亂，惹麻煩了！」農夫一聽，大笑著說：「你說得對啊！剛才那個人說的都是些什麼呢？」於是就將馬及馬車還給了孔子。

鳳走雞來兮，不勝唏噓！

　　有一個候選人，在談論引進人才的時候說：「鳳凰都走了，進來一堆雞。」引起了社會上一場口舌之爭，由於這位候選人是競選總統的職位，於是這個「話題」在社會上紛紛擾擾了一個多星期，損失最大的當然是社會資源的浪費與被誤會，講白一點就是說：「大佬！你在玩我們。」

　　至於那位講錯話的候選人，他在主持人的提醒之下，立刻做了澄清與道歉，他說：「因為我是屬雞（生肖）的，所以……。」但是，目前那種做直播方式的演說，真的是一句話講錯了，十匹馬也追不回來啊！

啟示 ------------------------------

☑ 世界發明大王愛迪生有一句名言：「我不
是什麼聰明人，如果說我有所成就的話，
是因為我做每件事情都比別人多用了十倍
的力氣，如此而已。」

☑ 牛頓有一次在他的實驗室裡忙著做實驗，
他感覺到肚子有點餓，於是就丟了一顆雞
蛋在電鍋裡，加了水開了火，就接著去工
作。當他忙完了的時候，正想去吃剛才下
鍋的雞蛋，他很驚訝，因為雞蛋好端端地
放在桌子上，他打開鍋蓋一看卻發現，在
鍋裡煮的是他的手錶。

☑ 到目前為止（2019 年 9 月 11 日），只有
你和蔡英文女士兩個人在選下一屆的總
統，你是在任上選，她也在任上選，為什

麼她從來不必談「政策」？天天遊山玩
水、拜宮廟、報公費，舉全國之力與國
家機器對付你一個人？你只要講錯了一
句話，全國的官員都會來攻擊你、批評
你，連那些只要她能影響的人都能酸你兩
句……。哎！老兄你不是輸在你不夠努
力，而是輸在「起跑線上」，即使你韓國
瑜有三頭六臂，再拚！也拚不過「中華民
國台灣」！人家到底是一個國啊！

第 17 條

選舉就是推銷你自己

　　我們常常喜歡說把選民（對方）當作是上帝，其實這種說法是很不合適與不科學的。今天，你參加選舉，你要去推銷你自己。如果將選民都看做上帝的話，你要如何推銷，即使你在上帝面前推銷成功了，對你來說又有何樂趣可言？當然，你是不會把自己推銷給上帝的。因為，如果你真的有幸，上帝接受你的自我推銷，那麼，你也就一命嗚呼（蒙主榮召去了）。

不要為了滿足一時的「亢奮」，失去了您光輝的「形象」！

　　現在我們的兩位候選人，一個扮「庶民」，一個扮「辣妹」；似乎是有些忘乎所以、走火入魔了。筆者是

旁觀者清，你們是入局者迷，但是以旁觀者來說，不得不提醒兩位，不要太投入了，這只不過是一場「選舉」，太入迷了對你們來說，或許會毀掉了你們，好不容易一生辛苦積累下來「形象與風格」，值嗎？

更何況歲月不饒人哪，你們都已經是年過半百的人，加上台灣的選舉時期，又長、又臭、又無聊……。對每一位的候選人來說，是拚口袋有多深、人脈有多廣、體力有多強、計謀有多棒、臉皮有多厚、口才有多好，凡此種種缺一而不可。真的如果能夠順利當選的話，到時候也剩下半條命了。

啟示

☑ 對你們兩位來說，每一個人的人生都要經
過一個一樣的人生，既是生、老、病、
死，總之在上帝的面前大家都是平等的，
每一位都得去「報到」，只是有人早幾
天，有人晚幾天而已；沒有一位會被「遺
落」，也沒有一位會「永生」，列隊到上
帝的旁邊成了祂（上帝）的助理，對嗎？
既使是上帝有這個意思，祂旁邊的助理容
不下你們──

如果你們想和年輕人（你們的粉絲）一
樣，一個成了「辣妹」，撿到了槍就手舞
足蹈；一個成了《鹿鼎記》裡面的韋小
寶，容我說一句掏心掏肺的真心話：「不
像！倒有些像『老萊子』娛親故事裡的那
個『老萊子』。」

☑ 想要當選下一屆的總統，光靠那些鐵粉和同溫層的選票的支持肯定是不足夠的，對每一個候選人來說，你必須得替自個塑造一個親民的形象，你是大家的「母雞」，所有有資格選舉的人的每一張票，都是你所要爭取的，一張都不能少，一張都不能漏，只有胸懷這種抱負和心襟的人能登大位，傲視群雄一統天下！至於那些鐵粉與同溫層的支持者，就是你兩在成功路上的「開拓者」（開路先鋒）！

第 18 條

推銷你自己的方法與手段

　　有一首通俗的流行歌曲，它的內容好像是這樣的：
「妹妹，你大膽地往前走，莫回頭……。」對推銷你自
己來說也有些像（意思雷同）。你既然要推銷自己，那
麼你就要大著膽子說出來。否則，人們怎麼會知道你是
想要做些什麼？如果人們不知道你想要做些什麼的話，
那麼你要做的推銷自己的這項工作，肯定是不會成功
的。

　　有一次，一個外商要招聘一名司機，有兩個人來應
徵，其中一個人開車技術很好，屬於五星級的司機，但
是不會說英文。另外一個人初學會開車，當然開車技術
也一般，外文能說兩句洋涇浜（中國式英語）。於是，
老外就出了一道題目，讓應徵者用英文說出來，題目內
容如下：兩輛車子相撞，一個人死掉，一個人重傷，救

護車來了。

　　那位會說兩句洋涇浜的司機是這麼說的：One car come，One car go。Two car「崩」（撞的英文他不懂），One men dead，One men 哇、哇、哇（受重傷）！One car 嗚、嗚、嗚。老外一聽，馬上說：「Good ！」於是就錄取了他當司機，這位老兄的洋涇浜雖然不怎麼樣，但他敢講，又讓老外能聽懂，因此他成功了。

　　由上面的故事告訴我們，對於「推銷你自己」這件事來說，最起碼的一項條件，就是要請你大著膽子說出來。如果，你不說怎麼行？男女的關係也一樣的，男的喜歡女的，女的喜歡男的，既然兩情相悅，一說出來不就萬事 OK ？筆者敢跟你打個賭，只要那個男的對他喜歡的女子敢大聲地說：「我愛你！」沒有不成功的，信不信由你。

啟示 ------------------------------

☑ 目前流行的「晶晶體」，其實在筆者年輕的時候，在我們的工作圈，大家天天在用，反正大家講話中夾著英文，由於工作環境的需要，用「晶晶體」確實是使得大家容易溝通與相互瞭解；那個單位是在新竹的工研院電子所的示範工廠，後來台積電（tsmc）成立，台積電的第一個廠的人員與技術就是我們轉移過去的。

☑ 有一天，一個老外在上海和平飯店，看見一位上海姑娘，他非常喜歡（一見鍾情）。於是，他便買了一束玫瑰（黃色）送給她。上海小姐嘟著嘴說：阿拉勿要（I Love You）。老外一聽，樂不可支，立即抱了那位上海小姐親了一個熱吻。小姐不

高興，拉著老外上派出所，告他（老外）非禮。老外向中國公安解釋說：「我送她一束鮮花，她向我說 I Love You（上海方言：阿拉勿要），於是我很高興，我就情不自禁地親了她一口，我真的……不知道，我到底做錯了什麼？」

☑ 如果現在有一些候選人到美國商業協會去演講或推銷自己，就大可不必用「晶晶體」了；因為當初在工研院電子所的所有領導都是在美國工作與生活了一輩子的專家與學者，他們與我們國內的員工，在交流與溝通上確實是需要用那種中英文夾雜的方式。現在你去美國商業協會，如果還在用三十多年前的「晶晶體」，那麼真叫

作是「你們真的是獻醜了」，你知道嗎？
你的那些聽眾，他們中文、英文都說的比
你們還溜呢！

第 19 條

人生何處不推銷？

　　推銷在我們每一個人的生活中，幾乎隨時隨地都在發生著。也因為是如此，因此人們不以為意或漫不經心似地不將它當一回事。既然是不把它當一回事，那麼這推銷工作是做不好的，甚至有人還會懷疑，好就好、壞就壞，這有什麼好說的（推銷）？其實不然，怎麼能不說？不說人家怎麼知道你是好是壞，等人家慢慢知道了，你死都快死了（為什麼許多名作家，都在死後他們的作品才值錢）？

推銷到底是什麼？

　　一提到「推銷」兩字人們就會一廂情願式地認為是：「吹吹牛嘛！」其實又不然，吹是吹，但不是簡單

地吹吹牛。是要吹出個自己，吹出個新世界，這就是筆者今天所要談的主題：推銷你自己的內容。

　　聯想一：有聽說過什麼叫「女爲悅己者容嗎？」，「有，對不對？」女人爲什麼要爲自己喜歡的人打扮、化妝呢？說穿了也只不過是爲了要推銷自己而已，不是嗎？

　　聯想二：那麼，反過來說，如果你有一天想知道這個女人到底喜不喜歡你？這裡有一個極簡單，而且保證有效的法子。即是，你告訴她：「我喜歡你留長髮，穿短裙子，這樣最美了……。」接著，你再去觀察她，看她是否已經開始留起長髮，穿起短裙，答案自然就一目了然。

自古聖賢也推銷

　　一般人對推銷這件事，基本上都是不太肯定，甚至持有反面的態度。大家都認為，推銷只不過是強迫人們買些什麼、接受些什麼，否則，就不放你「過門」（Pass 通過的意思）。因此，推銷沒什麼了不起，正

人君子是不屑為的。如果你傻冒（傻子），告訴人家你是那一家公司的推銷員時。那麼好像北方人到了南方（沒戲了），一切都玩完了。

　　聯想：這有些像你到廟裡拜佛抽籤，結果抽到是一個下下籤，內容大致是：尋人不遇、出門不宜、升官不成、命犯小人、婚嫁不吉……等。反正，做什麼都不會有好結果的。

　　當然，人們對推銷員有這種印象，所謂冰凍三尺，非一日之寒。因為，積年累月下來，許多不三不四的人，藉著幹推銷員的名義，做了太多不是光明磊落或見不得人的事。所以，對推銷員這個行業。才有這麼差的評價（這有些像過街的老鼠，人人喊打）。甚至，一提到推銷員，人們就會聯想到，這是那些在社會上走投無路的流浪漢所做的工作。

　　其實不然，推銷員不但不是社會上最卑微的工作，甚至，在我們的歷史上，東西方影響後世的兩大哲人，他們都是推銷員出身，並且終其一生，在做著推銷的工作。也因為他們的執著和努力，才有我們今天能享有的

燦爛文明。

　　這兩位哲人是誰呢？在東方是我們的至聖先師孔子，在西方是基督教的創始人耶穌。孔子他推銷的是「仁義」，是有教無類。耶穌他推銷的是「博愛」，是神愛世人。一個是推銷了一生，發現推銷不下去了，乾脆駕一條小船一走了之。於是孔子有感而發：「我的道行不通，駕小舟到海外去吧！跟隨我的，大概只有子路了。」耶穌為了推銷他的「博愛」，甚至犧牲了自己的生命來拯救世人。真是，我不入地獄誰入地獄，背上了沉重的十字架一個人孤獨而去。

推銷是一門科學？

　　由於推銷是人文的，人文有時就沒有物理來得科學。因為人文的東西，融入了太多的人為因素、不確定性及藝術的成分，所以往往人文的東西被人們認為不科學，至少不那麼科學。但是，推銷員則不然，推銷則是不折不扣科學的東西，為什麼呢？因為推銷有以下這些特徵，所以不得不被人們公認為是科學的。

　　其一、推銷有其功能性，也就是交易。就是説，推銷最終是爲了達成交易。交易達成了，推銷也結束了。任何推銷的行爲，到了最終就會面臨一種功能達成交易。否則，這種推銷是不合格的。還是舉上面的那個例子，女爲悦己者容。今天，我爲你留了長髮，穿起短裙，這是我向你推銷我自己。但這推銷是有「目的」的，我的「目的」就是要讓你喜歡我、愛我，到最後娶我。這娶我就是交易，娶了我就達成了這項交易。

　　其二、推銷有其適用性，也就是説在商場可以用，在政界可以用，回家也可以用。如果推銷這玩藝，只適用於商場，其他地方不能用。那麼它就不科學了。因爲，科學這「玩藝」，既可以用來上外太空，也可以在家裡煮雞蛋。今天，你可以用推銷賣掉一批貨，幫你做成生意。你也能用推銷出來競選，自己當上議員；你更能用推銷在家裡，讓家人以你馬首是瞻，不知不覺什麼都你的。

　　其三、推銷要講究技法，有一定的程序和道理可尋，而非完全是抽象及任意的。當然，推銷要講究技法，既然要講究技法的話，就不能「蠻幹和亂來」。因爲，推銷有其目的性的，是要達成交易的。推銷不是演

講，反正我講我的，管你聽不聽與懂不懂，我講完走了
人（觀眾的反應如何，至少他在講時是顧不了的）。推
銷則不行，如果你不顧及對方的反應，最終你完成不了
你的任務。也就是說，你推銷了半天，沒有達成什麼交
易。

不好意思出賣自己？

　　台灣人一向是比較含蓄與斯文的民族，今天一提到
要推銷自己，首先直覺的反應是不好意思。什麼推銷自
己，不就是把自己給賣了嗎？賣了自己這不太好吧？別
人如果真的賞識我們，例如劉備三顧茅廬於孔明，周文
王牛車拖姜太公啦！在家等一等，這會比較好一些，不
是嗎？

　　哪有自己跑到菜場去叫賣，像老王賣瓜似的，自賣自
誇，如果只有這樣才能出名，才能為世所用的話，那麼，
算了，我寧願老死山林（家中），也不願……。其實，
說句真格的，即使要賣，我也不知道要怎麼「吆喝」？

　　聯想：推銷自己，是不是一個人走在大街上，大聲

「吆喝」：「嗨！我是老王，名叫王大中，大學畢業，高級工程師……。」這樣有效嗎？還是人家把你當成精神病患，送你進醫院？

出賣之前先包裝自己

我們台灣人怎麼都弄不過日本人。比方說一個小瓷杯好了，我們台灣人由農民挑著賣，十塊台幣一個。日本人則不是，他們將小瓷杯精心包裝起來，放在百貨公司專櫃來賣，一個可以賣十塊錢美金。同樣是一個小瓷杯在我們手裡只值十塊台幣，在他們手裡可以賣十塊美金，這就是日本人懂得推銷和包裝自己，而我們台灣人既不懂也不講究的原因。

聽說過和氏璧（玉石）的故事嗎？從前，有一個農民發現一塊美玉，於是他就急著去獻給國王。結果，國王的左右（大臣）都說是一塊石頭，不是什麼美玉。於是判那農民欺君之罪，斷了他一條腿。當然，農民很傷心，但是也沒辦法，只得哭著接受（不接受也不行）。

過了幾年，國王死了，他的兒子繼位。那個斷了腿的農民，又把那塊大臣判為石頭的玉，要來獻給新君。

有人勸他說：「老兄，你省省吧。萬一又被判為石頭，這回可能連命都不保了。」沒想到那個農民哭著說：「我的命值幾個錢？這是一塊稀世的寶玉呀！我寧可將我的命賠上，也不能讓寶玉給埋沒」。結果，新君派了大臣仔細驗定，發現果然是一塊稀世的寶貝。

謙虛不再是一種美德

昔日，我們台灣人一向認為「謙虛」是一種美德。因此，像老王賣瓜式的自我推銷方式在中國人的國度裡，有著被貶低的意思（看不起或譏諷）。我們一向認為，只要人品好和貨真價實，自然會被肯定或有人來購買。又何必自亂章法和大驚小怪，說那些廢話做什麼呢？不是證明你有問題嗎？

可是，這個世界在變。不但在變，並且瞬息萬變。因此，我們台灣人做人處事的態度要不要也跟著變？這個問題很大，一下子不好回答。筆者認為：有些不能配合時代潮流的東西是要跟著改變，有些做人處世的基本原則是不能變的。這有些和有些到底是哪些呢？也就是說社會由農業社會轉變到工商社會，一切步調都在加

快、明朗化了。今天，人們沒有那麼多時間和心情跟你慢慢耗（其實也不允許）。

　　所以，在這一方面，你有本事、你想做事就得自我推薦。為了要推薦成功，於是你必須自我推銷，否則別人怎麼知道你是阿貓或阿狗，會捉老鼠還是看門？這些自然是要改變的，也是不得不變的。

　　但是，關於其他方面，譬如：做人要講信用，做事要忠於主人，有功勞時不可爭功，有困難時不可走掉等。凡此種種，都是不能改變和不必改變的。只是，謙虛這一點，要做些修改。也就是說：「不要太謙虛。」「客氣」還是要的，「客氣」過了之後，該怎麼就怎麼，不必太謙虛。否則，什麼事情也做不成功。

啟示 ------------------------------------

☑ 如果要用一個字來形容 2019 年的台灣，
就用「亂」！如果要用兩個字來形容，就
用「亂套」！如果要用三個字來形容，就
用「亂套了」！如果要用四個字來形容今
天的台灣，就用「能不亂嗎」？

☑ 今天的台灣之所以有目前的亂象，真不是
短時間所演變而成的，也不是一朝一夕的
緣故，可以說是積累了四、五十年各方面
的影響所促成。既然是這樣，我們也不必
急著非立即解決今天所見到或面臨的「亂
象」不可。

所謂：解鈴還需繫鈴人，每一個時代都會
有英雄豪傑或聖賢出來，只是讓我們憂心
的是：我們看不到在我們面前有什麼「明

白人」，正如某位候選人所講的：「鳳凰
飛走了，來了一堆雞。」

第 20 條

推銷你自己的步驟

　　不可否認的，二十一世紀是一個推銷自己的好時代，如果你活在二十一世紀，而又不懂得推銷自己，那麼筆者可以斷言你一定會一事無成，白白來走這一趟（一生徒勞）。那要如何推銷你自己呢？當然，這要用方法、講技巧，甚至要旁人配合（所謂花花轎子人抬人）。有一則故事是這樣的，特別說出來作為「推銷你自己」的開場白。

考慮對方的需求是什麼？

　　要推銷你自己，不必只想你要如何如何？首先要想的是對方接受了你之後，對他來說有什麼好處？對方為什麼要接受你，聽你的安排，照你的意思去做？如果

你不能給對方好處，甚至你所給的好處是對方所不需要的。那麼，此時你想要的推銷你自己是不會有成功希望的。

這有一個比方，好比你喜歡吃牛排和披薩。今天，秋高氣爽天氣晴朗，你想到河邊去釣魚。朋友，那麼我請教你一個問題：「你釣魚時將用什麼樣的魚餌？」你不必回答，我相信你不會用牛排和披薩吧？雖然，你是極喜歡這些的。不過，今天是你去釣魚（不是你去被釣），我們要考慮的是：「魚喜歡吃什麼？」，魚喜歡吃蟲，因此我們就用蟲來做魚餌，而不是用你喜歡吃的牛排和披薩。因為，只有用魚喜歡吃的蟲來作餌，才能釣到魚。如果，你是用牛排和披薩來釣魚的話，肯定是不行的，對嗎？

人們在推銷自己的時候，經常犯的一個最大的錯誤便是，只想到自己，而沒有考慮到對方及對方的需要與感受。人們都以為，我這樣怎麼了，對方應該知道和瞭解。既然是知道和瞭解，又為什麼不答應和接受我呢？於是，雖然人們用了九牛二虎的力氣，事情總是不成功，推銷到最終完不成交易。結果只能仰天大呼：「不是我不努力呀！對方實在是太蠢了，太沒知識，任誰來

也不行……。」

　　聯想一：從前，有一個人在光天化日下，走進銀行去搶櫃檯上的錢。當然，沒多久就被警察拘捕了。警察不解，問那搶匪：「老兄你怎麼在光天化日之下，走進銀行來搶錢？你沒有看見旁邊都是人嗎？你沒有考慮會被拘捕嗎？」那搶匪哭喪著臉回答：「那『剎那』我只看到錢，腦子裡一片空白，其他什麼都顧不著了。我知道那是錢，我正需要錢……。」

　　聯想二：如果推銷自己的時候，你只顧自己，而不管你旁邊的人和對方的需要是什麼？那麼，怎麼會成功呢？即使你今天成功了，也是瞎貓碰到了死老鼠（運氣好而已）。

啟示 -----------------------------

☑ 對選戰來說，每一次的選舉都是獨立的，
也就是「獨一無二」的，所以這一次選舉
候選人用的這種競選方法，如果用在下一
次的選舉上，並不保證在下一次選舉會有
同樣的「效果與結局」，只有候選人塑造
出個人的品行、風度、胸襟、手段及有一
顆仁慈與關懷別人的心，才會是攻無不克
戰無不勝的真正保證。

☑ 推銷是一門科學，所以推銷要有效果和成
績，一定要用科學的方法去執行。如果有
人在推銷的過程中故意或有心地植入一
些「東西」，讓原本科學的推銷變得不科
學了，那麼，大家怎麼來祈求老天要給你
「公道與正義」？老天始終是仁慈的、善

良慈悲的，可是今天的世道人心如果已經
墮落了，或許大家即使等到最後也不會等
到你們所渴望的「公道與正義」。

☑ 目前有些候選人，迷信他們以前的經驗，
一廂情願式的認為，只要照著他們以前的
方式來進行，無往不利就等著走進總統府
好了。

但是筆者認為，他們真正沒有想到，整個
大環境在變、台灣的環境也在變，天時，
地利、人和等因素可能已經完全不在政
黨的這一方面了。把一場選戰打成：「如
果你們支持『統一』，就是我們被中共合
併；反之如果你們支持『台獨』，我們結
合全世界（日本、美國）友好待我們的國

家奮起抵抗。」很明顯投你們的理由是不夠的，這是一個「假命題」。當每一位選民摸摸自己扁扁的肚子，看著自己空空的口袋，上有高堂年老的父母要養，下有嗷嗷待哺的稚子，此時此刻你們真的希望他們會將選票投給一位「辣妹」或「鐵粉」的保護者？

第 21 條

選舉方式的導向

　　推銷你自己，首先要將你推銷的對象定位。也就是說，你要把自己推銷給誰？然後，再來考慮你如何推銷自己。當然，你是不會把自己推銷給「上帝」的。因為，如果真的有幸，「上帝」接受你的自我推銷，那麼，你也就一命嗚呼（蒙主榮招去了）。

　　那麼，你要將自己推銷給誰呢？其實你真正要推銷的對象，是和你一起長大、生活在一起、工作在一起的夥伴，跟你一樣有七情六欲和愛睡懶覺、不認真工作及貪玩的人。你不但要向他們推銷自己，你甚至要和他們搶飯吃、搶經理的位子，這就是社會上流行的一種說法，所謂競爭工作的意思。到最後為什麼別人失業，沒有工作，沒飯吃了，你卻做了經理，愈來愈發達，這正足以證明一點，也就是說你會推銷自己。

　　聯想一：朱元璋小時候和小朋友在一起玩，他就做了孩子王。各位想一想，是他們的父母安排的呢？還是，朱元璋先生自己成功地在孩子之中推銷了他自己。

　　聯想二：競爭工作到底是什麼意思？是認真努力工作的人優先工作呢？還是，會吹會鑽的人優先有工作呢？

選舉的導向

　　瞭解了向誰推銷以後，接下來要討論的是推銷的導向如何？一般說來，推銷的導向我們可分成四個步驟來加以說明，其一、生產導向；其二、行銷導向；其三、顧客導向；其四、人類導向。

不惜工本的生產導向

　　這種導向的意思就是說，先不論你要將產品或勞務、人格推銷給誰，也不論是推銷給誰，你自己先將要推銷的東西（產品或勞務、人格）做的十全十美，令自己（不是對方、客人）滿意。為了令自己滿意，你甚至

會不惜工本精益求精，做出全世界最「優美」的東西，而不是最「實惠」的東西。

比方說，你在一張椅子上鑲上了藍寶石，讓椅子光彩奪目。但是，對那些坐在椅子上的尊貴屁股來說，他們並不在乎他們的屁股是否坐在藍寶石上？或者，坐在軟綿綿的牛皮和棉布上面，屁股會覺得更舒服、受用。

有人在皮鞋上鑲上碎鑽，因此，這雙鞋的價值成了天價。但是，在芸芸眾生之中，人們穿著皮鞋走路，真的用不著在臭腳上需要有鑽石的光芒。並且風塵僕僕，那些碎鑽鑲在皮鞋上，實在是也放不出多少閃亮的光芒？生產導向的推銷模式，講究的是「金字招牌」。凡是到我們這兒來買東西的，我們一定是貨真價實、童叟無欺。對交通不方便、資訊不發達的農業社會來說，這種推銷的方式未嘗不是一種「良策」。但是，這種只顧自己生產不顧對方客人反應的推銷方向，基本上已經是行不通的了。

霸王硬上弓式的行銷導向

這種導向的意思就是說，先不論你的顧客需不需要

你的東西（產品或勞務、人格），你設計了一套套促銷模式，將你的東西推銷給顧客。最後，你因為大力促銷賺進了大把大把的鈔票，顧客買進了他們所不需要的東西或一輩子也用不完的東西，而正為這些東西發愁。

許多大賣場賣的東西，一包就等於小包裝的十幾包，要買就得買一包。因此，人們一進大賣場，就拚命買東西，買米一次就買十幾公斤，可能你三個月也吃不完。雖然，表面上看起來單價是比較便宜，實際上你多買多用多浪費，甚至吃不完發霉丟掉，怎麼算你都是輸家（傻子）。

甚至更厲害的，他們用流行的概念來做促銷。比方說服裝業，今年流行紫色、及地式，那麼你去年才買進的紅色、迷你式的服裝，怎麼也穿不出去了。即使你大著膽子穿出去，人們也會認為你這人老土老土，趕不上潮流或鄉下來的。因此，這種流行概念的促銷方式是十分犀利和殺人不見血的。

尤其是電子產品，用這種方式來推銷，弄得消費者應接不暇和叫苦連天。記得英特爾電腦公司才推出「奔騰」三號沒有半年，又推出「奔騰」五號。「奔騰」五號一推出，「奔騰」三號便落伍和跟不上時代了。對你

英特爾電腦公司來說，你是一直往前奔騰，消費大眾怎麼跟得上你，即使是跟上了你的「奔騰」五號，那麼對被遺忘的「奔騰」三號來說，我們於心又何忍呢？因此，這種只顧自己促銷和賺錢的推銷方向，基本上也行不通。

把對方當上帝式的顧客導向

這種導向的意思就是說，顧客是「上帝」。既然，你要將顧客當成「上帝」，那麼，一切都以他為主，他怎麼說，怎麼算數。因為「上帝」太偉大了，他是你們的主人，握有創造萬物和生殺大權。當然，你們一生的榮辱、哀樂都由他說了算。那麼，你們知道怎麼做和怎麼伺候了嗎？

台灣人一向喜歡說顧客是「上帝」，其實這是做不到的，因為顧客永遠不會是「上帝」。顧客頂多是衣食父母（供吃供穿的人），也就是說是父母的一部分，而不是父母的全部。以前，台灣發展觀光事業，日本人喜歡組團來台北玩，他們最喜歡玩女人，因為他們是「上帝」，所以就在北投安排了美女、溫泉供他們玩，將北

投規劃成風化區。後來，政府覺得不對，即使是「上帝」這一點也不再聽你的擺布，取消北投風化區，廢除公娼，這未嘗不算是政府的英明抉擇，能夠深刻瞭解到顧客導向的缺失，在行政革新中跨出了一大步。

　　筆者在中國大陸經商，經常聽人們高喊：「顧客是『上帝』，消費者是『皇帝』」的口號。私底下筆者做了一個瞭解，這到底是怎麼一回事？有一位老幹部感慨萬千地對筆者說：「在中國大陸，消費者怎麼有可能當上『皇帝』呢？要消費、買東西，到處受氣。同樣的東西，在國外只要一半或三分之二的錢（汽車、化妝品、珠寶、手錶、服裝……等）就可以買到，還有售後服務。在國內免談這些，有時還要受營業員的氣（風涼話）。

　　也就是說，我原來該神氣當『皇帝』的時候，卻成了奴隸；反過來說，別人有求於我的時候，我本該當奴隸（扮演的角色），我也扮起個嘴臉來為難為難別人（當皇帝）以發洩平時所受的窩囊氣。所以，小管先生，你說奇怪不奇怪？該當『皇帝』的時候，我卻當上了『奴隸』，當『奴隸』的時候，我卻當上了『皇帝』。」

生活得更好更快樂的人類導向

這種導向的意思是說，你要推銷自己，推銷你的東西，這結果一定是要做到「雙贏」的方式。只有在「雙贏」的方式下的「推銷自己」會獲得最後的成功，大家都獲利，人們生活過得更好更快樂。

顧客喜歡抽菸，喜歡那種「尼古丁」的焦味。然而，那種「尼古丁」的焦味對人們身體是不利的，有害人們健康的。我們不會用買一送一的方式，鼓勵你多買、多抽（行銷導向）。我們也不會把你當做「皇帝老子」般的伺候，你要什麼就給什麼，萬事都令你滿意（顧客導向）。自然我們也不會自顧自地生產出一種種含「尼古丁」焦味的香煙，供你自由選擇（生產導向）。因此，以上的三種推銷導向都不對，也都是我們不肯為的。

聯想：我們若是朝以上的三種方式做了，我們不就變成了千古奸商、勢力小人、偽君子、守財奴了嗎？這不合我們這種人的風格，我們是不為，也不肯為的。其實，「推銷你自己」也一樣，以上的三種推銷導向是行

不通和沒有前途的。

今天，你可不可以發明一種新的菸，它既有「尼古丁」那濃濃焦味，但實際上又不含一點「尼古丁」，不會損害人體的健康。如果有這種產品，那麼你就成功了。因為，它既滿足那些癮君子對「尼古丁」焦味的需要，實際上又不含一點「尼古丁」，因此不會損害他們的身體健康，最後你又由於提供這種產品獲得企業或你個人合理的經營利潤。那麼恭喜您，您成功了！所以，這種既顧消費者身體的健康又能令您獲利的推銷方向，這是成功和可行的。

啟示 ------------------------------

☑ 當你在推銷自己的時候，首先你受到推銷導向的影響。由於你的不同導向，因此就會有不同的推銷方式。如果，你把對方當上帝，那麼他怎麼說怎麼算，反正你聽他的就是了（因為，天下沒有人會跟上帝作對）。如果，你把他當傻子，只要你吹的大、吹的響，他就會向你買（其實，這種傻子愈來愈少了）；如果，你想大家日子都過的好一點。那麼，我可以告訴你，你的推銷肯定會成功的。

☑ 如何推銷你自己給別人呢？首先，不要把對方當傻子，而自己又聰明過頭（太聰明）；其次，你想要得到的東西（職位、薪資、獎金、名譽、資產、技術……

等），對方給了你，對於他來說又有什麼好處？如果沒有，他為什麼要給你任何東西？因此，你不必急切地向對方說明，你想……。反而，所有你想的他都不想；接著，你唯一要向對方表達的訊息，即是：「先生，能不能給我三分鐘的時間，我能改變你的一生。」

☑ 我們從讀書開始就學加、減、乘、除，以及三角幾何與微積分，但是自從進入了社會後，我們只需要用加、減兩種計算方式在生活與工作中就足夠應付所有的事情，怎麼會用到乘法與除法，即使有也是少之又少，更別說用三角與幾何……等高深的學問了。

因此，我們目前在台灣所有的選舉活動，

對所有選舉方式的導向，我們大概也只用到最原始的生產導向，與歐美先進國家的選舉制度相比真是差的十萬八千里了，那怎麼辦呢？急也急不得的，但是我們總得努力向上一些吧，憑良心來說我們目前的那些「選舉把式」真的有一些不登大雅之堂。

第 22 條

推銷的區隔

　　以酒來說，種類就不下幾十種，有烈酒、淡酒、香檳、米酒、啤酒、XO 軒尼斯、皇家禮炮、馬丁尼……等，一下子也說不完。但是，不是說所有的酒所有的人都喜歡喝，這是不可能的（若遇上酒鬼就不好說了）。

　　人也是一樣，一樣的米養百種各式各樣的人。今天你要推銷自己，首先要清楚你要將自己推銷給哪一種人。因為你要將自己推銷給哪種人，決定你要用哪種推銷的方法，這是很重要的，不同的人用不同的方法。否則，如老牛拉破車，很少有成功的機會（即使是僥倖成功，你也只剩下半條命了）。

　　聯想一：從前，有一個人去推銷他自己。不但沒有推銷成功，反而被人家打得半死。他夫人勸他說：「阿

秦（他名叫：蘇秦），算了吧，別再去推銷你自己了。粗茶淡飯，我們倆就過過苦日子吧！」蘇秦張開口，對他夫人說：「你看我的舌頭還在嗎？只要這個（舌頭）在，還怕會沒有富貴榮華？」後來他成功了。他做了六國的共同宰相（掛六國相印），威名、富貴不可一世。

　　聯想二：有人對他妻子說：「你想成為一個好妻子嗎？那你必須做到以下幾點，即是：在我的朋友之間，你要像個能言善辯的外交家；在家裡的廚房裡，你要像個認真負責的科學家；回到我們的臥室之後，你要像個熱情如火的風塵女郎。」他的妻子答應說：「知道了。」結果他的妻子表現出來的卻是：「在他的朋友之間，她像一個熱情如火的風塵女郎；在家的廚房裡面，她像一個能言善辯的外交家；在他的臥室之中，她卻像個認真負責的科學家。」所以，每個人在適當的時機，做適當的事情，這是非常重要的。一件再好的事情，在不適當的時機去做的話，都會損人而不利己的。

推銷的區隔

　　既然已知道要推銷自己了，怎麼來推銷，就是我們

下面要討論的了。推銷的區隔又毫無疑問，是推銷你自己時的第一個步驟，因此不得不向各位讀者說明如下：其一、地域的區隔；其二、時間的區隔；其三、內涵的區隔；其四、年齡的區隔。

碧落黃泉式的地域區隔

　　這種區隔的意思就是說，因為你今天要推銷自己的地域不同，依據地域的特性，來調整你所要推銷的產品或勞務和價格。這是有必要或不可或缺的，只有這麼做了，你才容易將自己推銷出去。否則，你胡推亂銷一通，搞到七、八十歲，可能還是一事無成，信不信（這種例子太多了）？

　　就以筆者為例，筆者喜歡寫作。自然，這寫作也是推銷自己的一種方式。寫了作品之後，一定想發表，那麼在何處發表，發表給哪些人看？這些，在在都要仔細考慮。否則，你自己一個人胡寫亂作，天下文壇雖大、雖多，但也不會有人會發表你的文章。

　　於是，筆者就給自己的文章下了一個區域分隔，即是：寫給台灣的上班族看的。結果，筆者的文章在大

陸出書，普受歡迎。甚至，在東南亞、香港、星馬一帶
華人的讀者也愈來愈多。筆者寫作的區域分隔方式就跟
初出道時不同了。筆者一提起筆來，心中就想：「立足
台灣，放眼大陸，為全世界華人而寫作。」二○○○年
時，法國華裔作家高行健君獲得諾貝爾文學獎，給筆者
很大的鼓勵。真所謂：「舜何人也？禹何人也？只要好
好努力，我們也能夠做得到的。」（這麼一來，文章的
寫法又不一樣了）。因此，筆者接下來就要寫小說。因
為，所有諾貝爾文學獎的作品都是以小說為主的。

天長地久式的時間區隔

　　這種區隔的意思就是說，因為今天所要推銷你自己
的時間不同，依據不同的時間，來調整你所要推銷的產
品或勞務和價格。這是有必要和不可或缺的，只有這麼
做了，才容易將自己推銷出去。否則，推了半天，出力
又不討好，白白地浪費了寶貴的生命，那多麼不值得？

　　以某些行業來說，譬如：打保齡球、卡拉 OK 等，
平常或三更半夜價格特別便宜，假日或黃金時段，價格
就要翻上好幾番。為什麼要如此做不同時間不同的定價

政策呢？因為，在平常或三更半夜，客人本來就很少，對保齡球館和卡拉 OK 店來說，反正店已經營業了，一切的費用都要出，一毛錢也跑不掉。因此，他們就想以比較低的價格來吸引一批平常嫌貴或收入少的顧客群，一方面可以充分利用店裡的設備，另一方面也讓店裡熱絡一些，不是一箭雙雕嗎？

不同時間有不同的價格，這還有一項好處。就是，有些人還沒有這個興趣，如果你讓他用正常的價格來享受這項消費，他會有些捨不得。什麼兩百元一局，這太貴了。哦，改個時間，可以打到五十元一局，五十元一局，這可以小玩玩。反正，五十元一局，我還玩得起。於是，這麼一玩，這一玩就上癮了。只要一上了癮，什麼兩百元一局，還不是照玩不誤？即使再貴一點，只要手一癢，也會去玩玩的。

聯想一：目前有二十四小時都營業的便利商店。它的優點是一天二十四小時都營業，缺點是它賣的東西一般說來都比較貴一些。

聯想二：許多銀行也都二十四小時營業，但是不見得多收什麼營業費。

聯想三：有些旅社，到了晚上九點以後住房，打對折優惠。因為，他們想這個時候的客人，得到好像是檢到的，即使打對折都划算。

沉魚落雁式的內涵區隔

這種區隔的意思就是說，因為你今天所要推銷自己內涵的不同，依據不同的內涵，來調整你所要推銷的產品或勞務和價格。這是一種先進和創意的推銷方式，如果墨守成規，凡事一成不變，總的來講不是一種很好的法子。

聯想：英國有一種金龜車，幾十年不變，就是這個樣子，最近也宣布停產了。台灣大同公司的電風扇、電鍋，一開始就是那個樣子，也是幾十年不變。但是，和日新月異的日本電器來比自然是遜色許多，最後也只得靠邊站了。德國的賓士汽車，也是數十年如一日的外型，和日本的轎車相比，結果也只能退出市場結束。

以啤酒業為例，同樣是啤酒，每一家都得強調自

己的品牌（內涵）。於是，有人主張清涼、有人主張濃烈、有人主張芬芳、更有德國的黑啤、青島的黃啤（麥香）。前些年三得利在上海市推出啤酒，大做廣告保證酒瓶品質第一，絕對防爆。由酒瓶的品質讓人們聯想到啤酒的品質，結果反應良好，銷量排行第一。

　　小客車也是一樣，有的廠商主張容量最大，有的廠商強調省油，每一公升汽油可以跑多少公里，有的廠商保證安全，用 ABS 系統，緊急剎車時安全氣囊會自動張開，有的廠商講究舒適、高貴……等。每一家廠商都竭盡所能地強調自己的內涵及優點，因此看起來差不多的產品，差別和價格出入也就很大了。

童叟有別式的年齡區隔

　　這種區隔的意思就是說，因為你今天所要推銷對象的年齡、性別等不同，依據他們的特性，你來調整所要推銷的產品或勞務和價格。由於不同的年齡和性別，有時在社會群體中，可能特別被照顧。因此你在推銷的時候，不得不多花一點心思，這也是理所當然。

　　就以奶粉為例，小孩有小孩發育和成長專用的奶

粉，因小孩年齡的不同，奶粉的成分也有差異，價格自然比一般的奶粉不可同日而語。在介紹小孩專用的奶粉，必須要引用一些醫學專家的話，由醫學專家來告訴大家，什麼樣年齡的小孩，需要什麼程度的養分，而本公司推出的 S-26 奶粉所含有的養分，則正是你們所需要的。在介紹老年人和中年婦女專用的奶粉時，那些醫學專家們則一再介紹說本公司推出的 S-78 奶粉含有大量的鈣質，可以補充老年人和中年婦女所流失的鈣質。當然，這些專門為小孩、老年人和中年婦女所推出的奶粉，除了品質好，有特殊的養分之外，它的價格也是呱呱叫的。正所謂的是，一分價錢，一分貨嘛！

　　聯想一：一般來說，化妝品都是賣給女士，菸酒則是推銷給男人。當然，也有一小部分的男人用化妝品和一小部分的女人喜歡菸酒，占整個市場的比率不大。

　　聯想二：推銷給不同的人，用不同的方法，這是一定的（像驢只會踢踢後腳，被虎識破，將牠吃了，人們稱之為：黔驢技窮）。

啟示

☑ 當你在推銷自己的時候，不得不接受推銷
區隔的影響。由於面對不同的區隔，因此
你就會有不同的推銷方式。如果你想在班
級中選班長，那麼你只需要向班上的同學
做工作即可。你大可不必到凱達格蘭大道
或立法院去出風頭。有的人不是不會推
銷，而是太會推銷自己，一下子不知道要
將自己推向何處。因此，推銷自己的第一
句格言便是：推銷是重要的，推銷的方向
和向誰推銷則更為重要！

☑ 推銷自己不一定是非要大呼小叫，到處鑽
營是不可的。有時，你不聲不響地一個人
跑到山裡躲起來，說不定人家還到處來找
你出山呢，信不信？諸葛孔明受劉皇叔的

　　三顧茅廬就是這種情形。因此，推銷自己
的第二句格言便是：推銷不在外表的形
勢，而在對人內心的觸動。只有能觸動人
內心的勝利，才是真正的勝利。

☑ 子曰：「人而無信，不知其可也。大車無
　輗、小車無軏，其何以行之哉？」做為一
　位候選人，如果你給群眾的「承諾」不能
　夠「兌現」的話，那你以後怎麼面對那些
　民眾，所以你就可以退出此次的競選活動
　了。此次 2020 年的選舉竟然出了一位非
　常崇拜金庸武俠小說《鹿鼎記》主角韋小
　寶的韋迷，真的是天下將要亂了，什麼事
　情都會出現的。
　韓國瑜市長今天你當上了庶民的保護者，

但你比任何一個人都更清楚，你和你的夫人都不是庶民，其實這也無所謂，只要你們兩個人每天牽掛著：「莫忘天下苦人多，念茲在茲也就可以了。」但你真的不要去學韋小寶，因為韋小寶的母親是開妓院的，他倒是真正的庶民一個，他個人的行事風格和作風，你也是學不來也學不像的。有一次，他的師父入宮要去刺殺狗皇帝，韋小寶以身護主，幸虧他身穿了軟寶甲，否則，他也早就一命嗚呼了！韋小寶做了大官以後，一口氣討了七個老婆，日日花天酒地、吃喝嫖賭，你為什麼要一定非學他不可呢？萬一你當選了中華民國的總統，像似韋小寶對我們台灣人民來說，真有些不倫不類了——

☑ 台灣 2020 年 1 月 11 日的選舉，到目前為止，留下了一個最大的「貓膩」，就是兩黨推出的候選人，沒有一個是被眾人接受並具「正當性與合理性」。因為兩個政黨都有黨內初選，但是黨內初選的制度與制度的內容與程序，連兩黨的核心幹部都不能有「共識與認同」，甚至覺得這個初選的制度完全不合情理法，也只能玩這一次就下不為例了。既然是如此，那麼為什麼大家不乾脆就拋棄這個不合情理法的初選制度呢，能重新再來過不就得了？但是兩黨都被少數人把持住了，他們根本就不願意重新來過，這個選項對兩黨的那「一小撮的人」壓根就沒有這樣想過，或朝那個方向去想。他們誤以為用他們目前的方

式，只要頭過身體也就過了，到時候生米
已經被煮成了熟飯，那時選舉也已經結束
了，那些有意見或心生不平的人，又有什
麼話可說呢？他們只要齊聲回答一句：
「願賭服輸，不要耍賴。」事情真的是這
樣嗎？當然不是！

一個初選制度之所以被提出為目前兩個大
黨所採用，必須要符合有以下的幾個大原
則：

其一：初選的模式與程序，與接下來的大
選的模式與程序所出來的結果，不但要有
正的相關性，並且至少要有 80% 以上的
可靠性；如果這兩個結果完全沒有相關與
可靠性，那麼大家在玩什麼？在耍猴戲
嗎？

其二、這種初選的模式，海內外、全世界有哪個地方在用或用過嗎？答案是沒有。兩黨此次用了這種初選的模式，兩黨以後會再用嗎？答案是不會。那麼這個只為兩黨此次初選量身定制的模式，很明顯是唬人的，逼著兩黨鴨子上架的，這並不可怕，真正可怕的是兩黨竟然沒有一個人為這件事情站出來，表示反對或退席？這不應當年花蕊夫人的〈述國亡詩〉：

君王城上堅降旗，妾在深宮那得知？

十四萬人齊解甲，更無一個是男兒！

其三、兩黨初選的制度，只是為了誘殺各自黨內有意出來參選的同志，目前初選也結束了，對兩黨來說反正他們的「目的」達到了，順利成功的清除了原來在黨內妨

礙他們前進的絆腳石，真是乾淨俐落不留一絲痕跡。

如果有人不服從以上的初選結果，兩黨都是集合整黨之力來打壓，那些有異議或不同意見的自己同志，絕不手軟也絕不心慈。他們用的方法，即是秦朝這麼強大的帝國亡於朝夕之間的：指鹿為馬。凡是不認同鹿是馬的同事，他們都是不忠不義的叛臣賊子，必須給他們開鍘和除名，為了助成黨內的團結，也只好委屈自己，將就的這麼去做了。哎！兩黨的人都不是外人，是兩黨同志自己；為了黨的團結、奮鬥、再興起，我們也是情非得已啊！所以筆者歎息道：「滅兩黨的人，不是從外來的人，都是我們兩黨自己人吶！」

第 23 條

推銷的精神

　　推銷，本來就是很難的一件事。如果很容易推銷的話，那今天也輪不到筆者在此開講如何推銷你自己了。因此，推銷的精神，更是我們要學習推銷的一些極重要綱領，有了這些綱領之後，才能讓推銷工作按部就班地進行下去。我們的亞聖孟子就是一位很會推銷自己的人，他要將自己推銷給當時的各諸侯國君，他自己那麼卑微，人家國君如此高貴？那麼，怎麼推法？因此，亞聖孟子開宗明義就告訴我們：要去說服大人物，推銷你自己，首先你就要小看他（說大人，則藐之）。

推銷的精神

　　精神是存在人體之內的，然後發揮在他的行為、

動作上。譬如：有人說：「你今天精神不好。」他的意思也就是說，你給人的感覺是無精打采的。這些，在在都是很抽象的，一時也說不清楚。但是，有一點倒是可以確定的。你的精神，絕對會影響你的行為和動作。那麼，推銷的精神是那些呢？筆者試就其重要的，詳細向各位讀者說明如下：

推銷從客戶的拒絕開始

這是推銷界的一句名言，不但是名言，並且是每一位推銷員所必須要遵守和身體力行的。否則，你就不是一名好的推銷員了。

前總統馬英九先生，當年參加台北市長競選。記者訪問他說：「台北市是對方的根本重鎮，你出來競選，不會覺得太勢單力薄了嗎？」馬英九先生笑著回答道：「就是因為如此，才需要我出馬呀！」後來，馬英九先生果然擊敗對手，當選了那一屆台北市長。

從前，有個人假日開車到郊外出遊，快到目的地時，不幸車子的輪胎破了一只。換輪胎吧，可是他又找不到千斤頂，這一下慘了。看到前面有一幢農舍，他

想：「這家人一定有千斤頂。」

正當他要敲門的時候，他將舉起的手停在半空中（敲不下去），心想：「萬一他不借我（拒絕）怎麼辦？可是我不能沒有千斤頂呀！」於是，他咬了咬牙，使勁地敲起門來。有一位老先生來開門，那人一聲不響，就給了老先生一拳，將他擊昏。然後，拿了千斤頂就跑。

聯想：那人為什麼不向老先生借千斤頂，而要將老先生擊昏搶千斤頂呢？答案很簡單，因為那人怕遭到老先生的拒絕。於是，無毒不丈夫……。

有一天，一個推銷員向經理推銷保險，經理向他說，我們公司現在不缺什麼保險。推銷員看見經理在整理郵票，便問經理。經理回答說，是他的小孩在集郵。第二天，那推銷員又來拜訪經理。祕書問他，你和經理約好了嗎？那推銷員回答：「我替他小孩送些郵票過來，他是知道的。」推銷員將郵票交給了經理，正要辭別出去時，經理拉著他的手說：「你昨天提的那個保險，我們好好談談……。」

推銷是不論對方什麼角色，一視同仁的

許多人一提到推銷，向那些「傻子」吹吹可以。如果是向那些大人物的話，那我的水準就不夠了。我們的亞聖孟子可就不一樣，他去見梁惠王，梁惠王開門見山就問：「先生遠道而來，有沒有什麼『利益』於我？」孟子不慌不忙地回答：「大王何必一見面就談利益呢？利益倒是沒有，仁義倒有一些。」孟子接著說：「一談到利益，大家都沒有好處；一談仁義，對大家都有好處。」先不論亞聖孟子的這種說法有沒有成功和會不會成功，至少，他的那種不在乎大人物的態度，努力推銷自己，是值得我們學習的。

其實，愈高階層的大人物愈好騙，信不信？聽說過〈國王的新衣〉故事嗎？兩個騙子把國王騙得團團轉，不但騙到了錢，還騙著國王光著身子在臣民面前「亮相」，這不是太過分和太好笑了嗎？但是，至少告訴我們一點：「說服大人物並不難，甚至比一般的『傻子』還容易。」反正，碰到大人物時，你就大大方方地去推銷自己，說服對方，只要你保持不卑不亢的態度，沒有不成功的。

聯想：知不知道國王最後沒穿衣服是誰告訴他的？是一個無知的小孩，那小孩大聲地說：「我們的國王為什麼沒穿衣服？」他的父母想制止，想用手去摀他的嘴，但已經來不及了。

這小孩真的比所有的大人都聰明嗎？不是的，小孩是無知。有此可知，無知比所有的自作聰明都還來得聰明些。因此，身為大人的，接受了太多世俗的的虛偽和做作，缺少些孩子的赤子之心。

一個推銷的結束，是另一個推銷的開始

推銷不是一個單一的事件，推銷是一個迴圈，一個推銷完了，另一個推銷又重新開始。這有些像日出、日落或像人們穿衣、吃飯，只要是你活著的一天，它就一直那麼反覆的迴圈和重新來過。所以，古人說的好：「天行健，君子以自強不息。」對推銷自己來說，也正是這個意思。對一般的工作來說，都有一個開始，同時也有一個結束。在工作的過程中，難免有各種不同的感受（酸甜苦辣），但工作結束時，也有一種說不出的喜悅。心想：「事情總算告了一個段落。」然而，我們今

天所說的推銷卻不是這樣，不同於一般的工作。因為，推銷只有開始，永遠不會結束。

聯想：從前，有一個日本商人到台北來做生意，他每次來都住在同一個飯店和房間，巧的是每次都是同一個服務生為他做服務工作，幾年下來，那日本商人便和那男孩熟識了起來。於是，商人知道那男孩是從南部來台北的打工仔，晚上還在上夜校。由於那男孩的勤奮和殷勤服務，深深地獲得了日本商人的好感（對男孩來說，他的服務成功了）。

有一天，日本商人同那男孩商量，請他辭去飯店的工作，到日本商人的台北辦事處上班，並且聘請他為辦事處主任（這又是另外一次推銷的開始）。自然，對那男孩來說，他推銷自己是成功了。因為，他以飯店服務生的角色，推銷了他自己；又得到日本商人的青睞，有機會為日本商人設在台北的辦事處服務，開創了他自己人生的另一個遠景。

要永遠為客戶提供最好的服務

在推銷界有一句名言：「會挑剔的客戶是好客戶。」也就是說，客戶之所以對你有所挑剔，說三道四，最主要的原因之一就是，客戶他要繼續用你所提供的產品或服務和你。反之，如果今天客戶已經決定不用你所提供的產品或服務或你的時候。此時，客戶大可不必再挑剔你（反正，再見了）！因此，當你碰到挑剔的客戶時，你應該高興，高興地說：「謝謝，謝謝您給我們的批評和指教。」然後，深深地向他鞠一個九十度的躬。

聯想：有一種說法，好比說開飯店的不怕大肚漢。反正，你越會吃越好，就怕你不肯吃，你不吃我們就沒得混了。

筆者年輕的時候，跟著我大哥學習做生意，有一次陪完了客戶回來，在辦公室忿忿不平地向同事說：「今天，我遇到了一個客戶，實在是太過分了。他不但要吃要喝，還獅子大開口，還要拿……。」我大哥馬上將筆

者喊到他的辦公室（經理室），訓斥筆者說：「你怎麼可以在辦公室大吼大叫？你講的這些，萬一讓客戶聽到或有人傳過去，那多不好？以後的生意還要不要做？你光知道客戶吃你的、喝你的，你知不知道你吃誰的、喝誰的？你要知道，那些客戶都是我們的衣食父母呀！」自從經過那一次事件以後，一方面是筆者增長了見識，深刻地體會到客戶是我們的衣食父母，永遠也不能去得罪的；另一方面是以後再面臨各類客戶的非難和挑剔時，筆者都能以一種平靜和寬容的心情來對待。因此，這一事件基本上改變了筆者的一生，讓筆者在棄文從商的里程上突破了最大的障礙。

不是尋找客戶，而是創造客戶

　　這是推銷精神積極的一面。也就是說，如果客戶是本來就有的，那麼你只要去尋找就可以了。如果原本沒有客戶呢？那麼，你就必須去創造客戶。對每一位推銷員來說，尋找已經存在的客戶容易，創造出新的客戶困難。

　　從前，有一個做鞋子的老闆，派了兩名員工到非洲

去考察。當兩名員工回來以後，大家向老闆提出報告。其中一名的報告提及，因為非洲民族不穿鞋子，所以在非洲沒有鞋的市場。另一名的報告提及，因為非洲民族沒鞋子穿，所以在非洲鞋的市場非常大。兩名員工，同時看到非洲民族沒有穿鞋，一名認為是沒有鞋的市場，另一名認為是鞋的市場非常大。為什麼對同一件事情，卻會有兩種截然不同的判斷呢？原因就出在，一名是尋找客戶的員工，另一名是創造客戶的員工。

　　聯想：當年，美國的冰箱市場被那些推銷員推得如火如荼。幾乎每個家庭都已經有了一台冰箱。有一天，兩位推銷員向公司報告，他們要到美國最北邊的阿拉斯加州去推銷冰箱，弄得上司一頭霧水。心想：「這種冰天雪地的州，也好去賣冰箱？」但也不能拒絕他們的一股熱情，於是上司同意了他們的要求。沒有想到，奇蹟發生了！他們在阿拉斯加州創造了該年最好業績。在全公司的慶祝晚宴上，老闆還是忍不住提問，在心中埋藏了許久的疑問：「在冰天雪地的阿拉斯加州，人們要買冰箱做什麼？」他們笑著回答：「在阿拉斯加州，冰箱是用來保溫，讓東西不結冰的。」

啟示 ------------------------------

☑ 推銷自己的第三句格言便是：推銷是從客
戶的拒絕開始。千萬不要以為今天客戶已
經拒絕了你，所以你的推銷工作便結束
了。其實，拒絕才是推銷自己真正的開
始。

☑ 國王有沒有穿衣服？這個話題不重要。國
王沒有穿衣服，而國王為什麼會沒有穿衣
服而又自以為自己穿著世界上最華貴的衣
服（騙子告訴他的）？這麼多大臣，這麼
多百姓，為什麼大家發現國王沒有衣服而
不說，是因為人們有所「顧忌」，而小孩
無知，小孩他看到什麼就說什麼，小孩他
沒有「顧忌」。因此，證明一點，大人的
世界太虛偽了！所以，中國的大文豪魯迅

先生在〈狂人日記〉的結尾中呼籲：「救救孩子……。」

☑ 有一位議員早上在議會上向市長質詢，他一邊哭著一邊說：「他的網站被人黑了，昨天有人警告他，對方說放學的時候要幫他去接小孩下課，說著說著他已泣不成聲……」市長沒好氣地問他：「你報警了沒有，光向我質詢有什麼用？」後來，這位議員質詢完了就離開了，他既沒有回家，也沒有去報警，直接就前往了市政府正在辦的「旗津沙灘音樂會」了。

☑ 其實他上午的聲淚俱下的質詢，是在「演戲」，他必須這樣子演，因為市政府的質詢是全程直播的，他是做給全國人民看

的，不這麼做，他怎麼會有選票？為什麼他不去接小孩下課？有沒有搞錯，這地方是我的勢力範圍，有誰有這個膽子來接我兒子下課，活得不耐煩了嗎？為什麼這樣子演？這是助理們幫我編的故事，還怕我哭不出來，臨上台前在我的臉上噴了「胡椒粉」，我現在還想打噴嚏，真是受不了。

☑ 當官的三部曲是什麼？就是當別人來賄賂你的時候，帶你到聲色場合、打牌、跳舞、唱歌、還有抱女人……，此時就是做官的第一境界：神仙。

當老百姓有事情要求你幫忙的時候，讓你法外開恩，反正是有求於你。此時你扮的是：老虎。只要不吃人，大吼一聲或胡亂

叫罵一陣，隨你老爺開心高興，反正你最
大，你想什麼就是什麼，對嗎？此時就是
做官的第二境界：老虎。

最差的是你官比人家小，你得看別人的臉
色行事，此時你得扮演小狗的角色，向主
人搖搖尾巴、撲撲小主人，但也要自己有
警覺，做到恰到好處；否則過火了被人家
一腳踢開，就不「划算」了。此時就是做
官的第三境界：小狗。

第  條

子曰：「不在其位，不謀其政。」

　　有一位天主教的神父到非洲去宣揚老百姓節育的工作，於是他找來一些當地的居民，和大家講解節育工作對他們社會的重要及大家要如何來做好這份工作……。正當他講得頭頭是道的時候，有一位當地的婦女站起來問他說：「你們天主教的神父能結婚嗎？你有家庭子女嗎？」

　　神父聽了有些錯愕，回答那位婦女說：「哦，天主教的神父是不能結婚的，所以──」那位婦人接下來說：「既然你們神父是不能結婚的，你也沒有家庭與子女，那就讓我來告訴你：不玩這個遊戲的人，就不要來定規則。」

「選舉」就是一種「比賽」，有「比賽」就會有規則。

只要是一種比賽，有遊戲規則的比賽；因為規則是「死的」，而參加比賽的人是「活的」，那麼這些參加遊戲的人，就會千方百計地去修改、躲避或不理會，以及由他自己又制定一個新的規則，這樣不但容易勝出，而且會將比賽變得簡單化、個性化，對他自己來說是有百利而無一害的。

但是對與你一起參加比賽的人來說，如果大家參與了比賽，對方既不守規則又喜歡隨時照他（對方）個人的意思修改規則的話，這場比賽是進行不下去的，那麼最佳的方式就是自己宣布退出，讓比賽停止，大家說清楚講明白了再「繼續」或就「停止」了！但是在實務上，由於比賽已經在如火如荼的展開，也不是任何一方說停就可以停下來的，那麼原來一項很好的、有意義的比賽活動，就變得虎頭蛇尾不了了之……。

啟示 -------------------------------

☑ 筆者年輕的時候在工研院電子所任人事科
長，每天在辦公室和員工談論薪資，由於
筆者天生大嗓門，因而筆者談論的內容，
隔壁兩個辦公室的科長都聽得到。於是，
隔壁的科長向上級反應，怎麼辦？上級的
答覆，出乎意料之外的妙。上級是這麼
回答：「不關你的事，你本來就不應該去
聽，即使聽到了也不必去記，如不小心記
住了，更不可以到處去講。」

聯想：各位想知道那個上級是誰嗎？即是
原工研院電子所的所長胡定華博士。台灣
半導體工業有今天的成就，就是當年在他
領導下從美國引進的技術。

☑ 推銷的技巧不是絕對的，這只是一個形，
由你的「意志」發展出各種不同的「形」，

也就是說各種技巧。這有些像天上的雲彩，自然成型舒卷自如，要怎麼樣就怎麼樣。

☑ 推銷的第四句格言便是：推銷是先預定一個結果，然後用各種方法、手段去完成它，不達到這個結果誓不終止。

☑ 推銷，有時需要高度的「耐性」，也就是說要「忍耐」。只有做到這一點，最後可以看到你自己的成績。一個沒有「耐性」的人，不論他「瞭解」多少的推銷本事，最後他還是不能將自己推銷出去的。

☑ 有的時候不要講推銷、不要講技巧，你就是誠誠懇懇地待人，做好你自己分內的工作，又能熱心助人。就這樣的方式，你已

經把你自己推銷出去了。

推銷自己的第五句格言便是：在做推銷工作之前，你得先將自己推銷給對方。如果對方不接受你。自然，對方也不會接受你推銷的其他一切……。

☑ 注重儀表的意思並不是說，你用的、穿的一定都要是名牌、最好的，其實也不是。什麼場合，怎麼穿著，倒是十分講究的。如果你在推銷自己，讓對方雇傭你、給你生意做，此時，太豪華的裝扮足以令人卻步！

☑ 熱情誠懇，人肯定要跟小狗學習。小狗的熱情誠懇完完全全是出自內心，沒有一絲一毫的虛偽做作。所以孔子由感而發地說：「今天所謂的孝順，只要能供養就完

了。連小狗、小馬都有人供養，沒有用恭敬的心來對待長輩，這怎麼行呢？」

☑ 馬太福音：「人若賺得全世界，賠上自己的生命，又有什麼益處呢？人還能拿什麼來換生命呢？」這是《聖經》上的一段話。今天台灣有一位候選人，2018 年 11 月 24 日當選了高雄市長，現在他又接著競選 2020 年 1 月 11 日的中華民國總統，當然選舉原本就不是一件輕鬆的工作，當年陳水扁先生選台北市長選輸了，馬上接下來選總統，後來陳水扁先生果然勝出，他順利地當選了那一屆的總統。

今天，那一位候選人在天時、地利、人和都不具備的情況下，如果還要繼續選下去的話，筆者只能這麼說：「即使你能順利

地當選了中華民國總統，你也只剩下半條命了！（太累了）。」

☑ 民主政治的常態，就是：「不在其位，不謀其政。」尤其是兩黨政治，現今國民黨內郭台銘董事長宣布退出國民黨，民進黨的總統蔡英文女士，馬上發言說：「郭董事長參加了黨內的初選，初選既然輸了，今天又要脫黨出來參選，這有點不太好吧──」其實，這不干你的事情，你不講話人家真的不會把你當作「啞巴」來對待，因為身為總統的人，原本就是不應該隨隨便便東家長西家短地談論別人的是非曲直的。如果你一定想講的話，你就讓總統府的發言人來說吧，這樣比較合乎國家的體制。

比較麻煩的事情卻是，你的行政院長蘇貞

昌先生他也發言說：「愈看愈精彩了！」
這是什麼意思？你堂堂一個國家的行政院
長，拿著政府的高俸厚祿在上班時間，竟
然有時間又有心情看「白戲」，邊看還能
大聲叫好？你去看看你去年在新北市慘敗
給對手侯友宜先生 30 餘萬票，人家做了
市長以後，馬不停蹄地忙於市政，怕辜負
了人民給他的託付；而你老兄呢，以敗軍
之將的身分，蔡總統破格任命了你做行政
院長，這種「恩寵與機遇」是古今中外古
往今來，從來沒有過的新聞（笑話），今
天你看到國民黨的分裂，高喊：「痛快，
愈來愈精彩了！」你知道嗎？今天台灣人
民看到了你的「恩寵與機遇」，大家都嚇
壞了（急得想哭）……」

第 25 條

勿忘世上苦人多

　　這句對聯的上一句是：切記人間仁者久；下聯是：勿忘世上苦人多。有人就引用了這一句下聯：勿忘世上苦人多。用一瓶礦泉水和一碗滷肉飯，打勝了 2018 年 11 月 24 日的選戰一舉翻轉了高雄市，光復了讓民進黨盤踞了二、三十年的高雄市。於是，部分有心人士又在此事件上加碼說成：「一個人救了一個黨。」但事實是不是這樣呢？當然不是，在任何時候、任何地方，一個人永遠也不可能救了一個黨，即使是一個很小很小的黨，一個不知名的黨；更何況今天你救的是當今台灣最大的一個黨，一個百年歷史的國民黨。怎麼可能？都是以訛傳訛、道聽塗說的話，那麼 2018 年 11 月 24 日國民黨為什麼能一舉攻下十五個縣市，獲得近年來最大的成績。真正的原因就是民進黨真的執政太爛，令人民太

失望了，於是社會上凝聚成一股力量，稱之為「討厭民進黨」。這才是此次選舉勝利的最大原因，討厭民進黨當時成了台灣社會上的一個最大的黨。

切記人間仁者久，勿忘世上苦人多

世事紛紛擾擾又過了九個月，另外一場選舉正在如火如荼地展開，其實老百姓是健忘的，去年那些高雄市的庶民，也沒有因為高雄市新市長的就職上任，工作、生活、環境（又老又窮）得到任何的改善。新市長現在已經悄悄地把他當時的口號做了些許的改變，就是高雄發大財，改成台灣安全、人民有錢。於是新市長又登高一呼：「不惜粉身碎骨承擔責任，出來選中華民國的總統，只有讓他當選了中華民國的總統，他才能既顧台灣又顧高雄。」說真格的，大家真的會相信新市長的這一番話？當然不會。雖然我們都是「庶民」，「庶民」並不代表是傻子，只是大家真的是很難過，因為自己的善良被「政客」狠狠的又騙了一次。去年那位有情有義的令狐沖，今年怎麼卻變成了奸詐狡猾的韋小寶？

啟示 --------------------------------

☑ 切記人間仁者久,勿忘世上苦人多。去年
在高雄造勢的場所,候選人用的這些口
號:勿忘世上苦人多、愛與包容以及又老
又窮的高雄。他在選用這些句子的時候,
壓根就沒有想過自己要去實現與執行他
的這些口號。所以,選舉結束了,這些
「口號」也都可以打包了。這些口號有些
像什麼?人與人相見的時候,大家問候一
下,也有點像我們以前的問候語「吃飽了
嗎?」你千萬不要誤會了,你如果沒吃飽
的話,就到我家去吃。真的,一點都沒有
這個意思。只是在原有的問候關係的後面
又加了一、二句……。譬如:勿忘世上苦
人多、愛與包容、高雄又老又窮。反正,
就是這麼一回事。

☑ 民進黨總統蔡英文女士 107 年 8 月 23 日，
金門砲戰 60 周年紀念日沒有去金門，今
年她風塵僕僕地去了一趟金門，在金門的
山路上遇到前總統馬英九在跑步，兩個人
還打了招呼，握了一下手，到底大家都是
知識分子出身，懂得社交禮儀與禮貌。

第 26 條

選舉已經走上一條不歸路？

　　台灣的選舉已經經過了那麼多年，兩黨互有輪替，所謂第三勢力到目前為止，幾乎也沒有任何生存的空間，實際上這幾年台灣的政局就是兩黨「惡鬥」，因此不論是哪一黨執政，讓台灣人民感觸最深的一件事情，就是：兩黨這幾年下來，雖然選前大家都說得很好，但是一讓他們真正執政了之後，兩黨沒有一個黨有拿出真正的成績單出來，台灣人民還是過著苦日子，生活條件水準愈來愈差，年輕人看不到前途，中年人賺不到鈔票，老年人退休後得不到安養；所以在 2018 年 11 月 24 日的選舉中，選出了一個台灣最大黨，即是「討厭民進黨」！國民黨在全台灣囊括了 15 個縣市長全面大勝，同時國民黨在高雄市翻轉了民進黨二、三十年的執政，選出了一個韓國瑜先生，他的競選口號：「人進得

來，貨出得去，高雄發大財。」時間過得很快，距離去年的選舉也快要一年了，那位庶民的保護神高雄市長韓國瑜先生又去跑下一攤選中華民國的總統去了，我們真的不清楚，在這一次的選舉中（2018 年 11 月 24 日），韓國瑜先生有沒有發大財？他的解釋他目前的財產，是他們原本就有的，他的夫人李佳芬女士表示：「庶民的意思，就是有房、有車、有別墅加上一些保單，難道不是嗎？」我們清楚，跟你跑了一年多的庶民群眾，沒有一個有發財的，天地良心亂講話出門會給雷打死！

臥榻的旁邊，豈容他人發大財！

對台灣 2300 萬的同胞來說，跟了兩黨鬼混了那麼多年，兩黨也輪替了好幾次，真正有發財的人少之又少。江湖上有一句話：「懂的人看門道，不懂的人看熱鬧。」在國民黨的初選期間，有一位候選人周先生，大聲責問對手：「難道沒有錢的人，就不能出來選舉？」筆者倒可以告訴你：「選舉原本就不是沒錢人玩的遊戲。」

《新約聖經・馬太福音》的經文「凡是少的，就連

他所有的，也要奪過來。凡是多的，我還要加給他，叫他多多益善。」這就叫作大金剛法則（The Gorilla Game），強者愈強、贏者全拿的世界。

筆者最近悟出了台灣兩黨惡鬥的「核心價值」理論，意思就是兩黨數十年來不停的相鬥，給老百姓的感覺就是希望他們選擇靠邊站，要不國民黨，要不民進黨？這樣才能保持全體人民對政治的熱情，各種不同的選舉，各種不同的候選人，各種不同的競選廣告……。

那麼多年下來了，只要有一個政黨執政，這個執政的政黨就可以掌控非常多的職位，把原來酬庸的職位換成他們自己的人來做，那些酬庸的職位都是位高權重薪水又高。即使是政權輪替了換另外一個政黨執政了，新當選的那個政黨，也會重新安插他們自己的人來接替，於是一個驚人的結論就出來了，只要是這種遊戲能夠繼續地玩下去，真正受益的人是兩黨的「權貴」（少數的人），而不是台灣目前的 2300 萬老百姓。所以對目前的兩大政黨來說，目前的現況他們也不是說完全十分地滿意，但是他們也都能夠接受的，兩個政黨都想維持現在的現狀，不要做任何的改變，表面上大家（兩黨的「政客」）在演一齣雙簧，此時大家都說得天花亂墜，

使出了十八般武藝，用來博取人民大眾的「眼球」與「掌聲」和「選票」，於是兩黨「政客」們的目的也就達成了！他們全家人的幸福、美滿的生活也有了。人生至此，夫復何求？

朱門酒肉臭，路有凍死骨！

全台灣的選民們，你們可以醒醒了，「政客」們從頭到尾，數十年如一日，他們一直在玩弄著你們的「善良」，即使你們不計較、不在乎，但是上有高堂父母等著你們來奉養，下有兒女正嗷嗷待哺。

全台灣的選民們，你們可以醒醒了，你們一生的奔波、操勞，不曾稍作休息，但是並沒有得到你們應該得到的那份酬勞。你們有正當的理由知道，是誰動了你們的「乳酪」（鈔票）？

全台灣的選民們，你們可以醒醒了，「政客」們把原來可以蓋廣廈千萬間，大庇天下寒士俱歡顏的錢，都用到哪裡去了？去向美國買軍火（交保護費），去援助非洲的小國家，這樣就能保障台灣的安全？這些話都是天大的謊言！在台灣一大部分的人民，目前尚生活與工

作沒有保障，年輕人看不到未來的今天，目前執政的政治人物或將來想來執政的候選人，你們人人都要捫心自問：「我今天出來選舉，是要為人民謀福利、謀幸福的！」

　　台灣的人民是善良的、好騙的，但到底他們也不是「傻子」，對嗎？你可以騙他們二十年、三十年……，一直欺騙下去。即使是如此，你們又於心何忍呢？把自己一家人的幸福，建立在全台灣人民的痛苦之上？如果天佑台灣，所有存心魚肉老百姓的「政客」們，請你們趕快放下屠刀吧！

人與土地 17

選擇不該犯的26條錯誤

作　　者 — 小　管
編　　輯 — 明　白
視覺設計 — 李宜芝

董 事 長 — 趙政岷
出 版 者 — 時報文化出版企業股份有限公司
　　　　　　10803台北市和平西路三段240號三樓
　　　　　　發行專線／（02）2306-6842
　　　　　　讀者服務專線／0800-231-705、（02）2304-7103
　　　　　　讀者服務傳真／（02）2304-6858
　　　　　　郵撥／1934-4724時報文化出版公司
　　　　　　信箱／台北郵政79〜99信箱
時報悅讀網 — http://www.readingtimes.com.tw
法 律 顧 問 — 理律法律事務所 陳長文律師、李念祖律師
印　　刷 — 盈昌印刷有限公司
初 版 一 刷 — 二〇一九年十一月一日
定　　價 — 新台幣二五〇元
（缺頁或破損的書，請寄回更換）

時報文化出版公司成立於1975年，
並於1999年股票上櫃公開發行，於2008年脫離中時集團非屬旺中，
以「尊重智慧與創意的文化事業」為信念。

選舉不該犯的26條錯誤 / 小管著. -- 初版. -- 臺北市：時報文化, 2019.11

　　面；　公分

ISBN 978-957-13-8007-0（平裝）　（人與土地；17）

1.選舉 2.文集 3.臺灣

573.307　　　　　　　　　　　　　　　　108017625

ISBN　978-957-13-8007-0
Printed in Taiwan